Schäfer | Resilienz. 100 Seiten

AF635718

Reclam 100 Seiten

BRIGITTE SCHÄFER, Diplom-Psychologin und Theologin, berät Führungskräfte und Unternehmen zu Führungsthemen und im Gesundheitsmanagement und unterstützt deren Angestellte beim Aufbau von Stressbewältigungskompetenzen, in der Verbesserung von Kommunikationsprozessen und bei der Suche nach fairen Konfliktlösungen.

Brigitte Schäfer

Resilienz. 100 Seiten

Reclam

Der Verlag behält sich die Verwertung der urheberrechtlich geschützten Inhalte dieses Werkes für Zwecke des Text- und Data-Minings nach § 44b UrhG ausdrücklich vor. Jegliche unbefugte Nutzung ist ausgeschlossen.

2017 Philipp Reclam jun. Verlag GmbH,
Siemensstraße 32, 71254 Ditzingen
info@reclam.de
Umschlaggestaltung: Philipp Reclam jun. Verlag GmbH
nach einem Konzept von zero-media.net, München
Umschlagabbildung: FinePic®
Infografiken (S. 17, 88, 92 f.): Schwochow Visual Stories GmbH, Berlin
Umschlagmaterial: Creative Print, Schabert
Druck und Bindung: Esser printSolutions GmbH,
Untere Sonnenstraße 5, 84030 Ergolding
Printed in Germany 2025
RECLAM ist eine eingetragene Marke
der Philipp Reclam jun. GmbH & Co. KG, Stuttgart
ISBN 978-3-15-020424-5
reclam.de

Für mehr Informationen zur 100-Seiten-Reihe:
reclam.de/100Seiten

Inhalt

1 Ein Begriff macht Karriere

4 Was ist Stress überhaupt, und wie wirkt er sich aus?

9 Unsere Gesellschaft verändert sich

21 Wie resilient sind Sie?

23 Ein Blick in die Resilienzforschung

28 Die Resilienzfaktoren

73 Wege zur Resilienz

96 … und dann ist alles gut?!

Im Anhang Lektüretipps

Ein Begriff macht Karriere

Anfang September 2016 war ich im Urlaub in Südfrankreich: Meine Vormieterin hatte die Wochenzeitschrift *L'Express* in der Ferienwohnung liegengelassen. Eine Überschrift darin fiel mir ins Auge: »Revivre! Les Secrets de la Résilience«. Es ging in dem Artikel darum, wie man mit traumatischen und schrecklichen Erfahrungen umgehen kann – wenn zum Beispiel der Vater sich umbringt oder wenn man als Frau Opfer eines sexuellen Übergriffs geworden ist.

Der Artikel selbst bezog sich nicht auf Fälle von Terrorismus, aber die mit abgedruckten Bilder ließen mich verstehen, warum er im Sommer dieses Jahres veröffentlicht wurde: Wie geht eine Nation mit den schrecklichen Erfahrungen von Paris und Nizza um? Wie können die Überlebenden der tragischen Ereignisse und die Angehörigen der Opfer in ein normales Leben zurückfinden, statt in der Verzweiflung zu versinken, wie können sie Glück und Freude wieder einen Platz einräumen und ein Gefühl der Kontrolle über das eigene Leben zurückgewinnen?

Resilienz – so lautet das Zauberwort, das dies ermöglichen soll, das Perspektive schafft, das Hoffnung erhält, die Chance auf ein neues Leben gibt. Es ist ein schillernder Begriff: Die

Theologin Cornelia Richter nennt ihn gar einen Sehnsuchtsbegriff, der derzeit in vieler Munde und auch bei uns in Deutschland häufig in Zeitungen und Zeitschriften zu lesen ist. Vor etwa zehn Jahren begegnete er mir erstmals außerhalb akademischer Mauern, und er hat seither eine steile Karriere gemacht.

Was verbirgt sich hinter diesem Begriff? Was meint er und wieso ist er so populär geworden in den letzten Jahren? Was heißt es, resilient zu sein – und wie werde ich resilient? In diesem Buch will ich Antworten auf diese Fragen geben. Dabei werden Hintergründe beleuchtet, die meiner Ansicht nach dazu beigetragen haben, dass das Thema Resilienz derzeit so präsent ist.

Resilienz, von lat. *resilire*, »zurück-, abprallen«, meint die psychische Widerstandsfähigkeit. Der Begriff beschreibt die Fähigkeit einer Person, mit den Widrigkeiten des Lebens, seien es Traumata, Krankheiten oder sonstige kritische Lebensereignisse und Stressbelastungen, umzugehen und sie so zu verarbeiten, dass keine bleibende Beeinträchtigung entsteht.

Der Resilienzbegriff umfasst, wie Tom Levold ausführt, eine »Erlösungskomponente«. Im Gegensatz zum Begriff »Stress« wirkt er weder pathologisierend (jemand mit schwächerer Resilienz ist genauso wenig krank wie jemand mit Schuhgröße 47), noch richtet er den Fokus auf die Defizite einer Person, die einem Stressor, also dem, was sie stresst, nicht gewachsen ist.

Beide Begriffe, sowohl der des Stresses als auch der der Resilienz, sind der Werkstoffkunde entlehnt. Dort beschreibt Stress die Veränderungen, die ein Werkstoff durch Druckeinwirkung erfährt, Resilienz wiederum die Eigenschaft eines Werkstoffes, nach Verformung oder Druckeinwirkung wieder in seine ursprüngliche Form zurückzukehren. Ein resilienter Werkstoff kann also Belastungen ertragen, ohne sich dabei dauerhaft zu verformen oder Schaden zu nehmen.

Ähnlich wie der Werkstoff verhält sich auch eine resiliente Psyche. Denn es lässt sich zwar nicht verhindern, dass negative, schmerzhafte, traumatische oder auch einfach stressreiche und überlastende Situationen im Leben eines jeden Menschen vorkommen. Derjenige aber, der über ausreichend Resilienz verfügt, kann mit diesen Situationen und Belastungen so umgehen, dass er nicht dauerhaft aus der Bahn geworfen wird. Ganz im Gegenteil: Im Idealfall wird dieser Mensch sogar gestärkt und mit größerer psychischer Widerstandskraft seinen weiteren Weg gehen.

Wer in der Psychologie nach verwandten Konzepten sucht, wird zum Beispiel bei dem von Aaron Antonovsky vertretenen Modell der Salutogenese fündig, also der Lehre von den Bedingungen, unter denen Gesundheit entsteht. Als Gegenbegriff zur Resilienz wird meist die Vulnerabilität genannt, der die verletzliche, verwundbare Psyche eines Menschen und ihre Gefährdung bezeichnet. Dabei ist festzuhalten, dass Resilienz nicht die Unverwundbarkeit meint, sondern eine psychische Widerstandskraft, die sich im Umgang mit der eigenen Verwundbarkeit entwickelt, im Wissen, dass die eigene Identität und das eigene Selbstverständnis durch Schicksalsschläge in Frage gestellt oder beschädigt werden können.

Was ist Stress überhaupt, und wie wirkt er sich aus?

Sie alle sind wahrscheinlich sehr vertraut mit Stress. Manchmal ist er wie ein guter Freund, der dafür sorgt, dass wir leistungsfähig sind, und uns die Kraft gibt, die wir brauchen, um richtig gut zu sein. Denn erst mit der zum Teil als Eustress bezeichneten optimalen Anspannung können wir auch optimale Leistung bringen. Oft ist Stress aber auch so etwas wie der böse Nachbar, der einem mit seiner permanenten Präsenz die Luft zum Atmen nimmt und das Leben vergällt. Ganz sachlich definiert man Stress als die körperliche und psychische Reaktion eines Organismus auf belastende Reize.

An sich ist Stress eine sehr sinnvolle Reaktion des Körpers, um uns vor Bedrohungen zu schützen. Viele Lebewesen kennen die Stressreaktion – und in gewisser Weise hat sie wohl dazu beigetragen, dass unsere Vorfahren und damit unsere Art überlebt hat. Wenn der Urmensch hinter sich ein Knacken im Gebüsch vernommen hat, dann musste er schnell sein, um sich vor dem Säbelzahntiger zu retten – oder stark und mutig, das Mammut zu erlegen.

Ausgelöst werden diese Reaktionen durch eine Aktivierung der zum sogenannten limbischen System gehörenden Amygdala (Mandelkern). Diese im Zwischenhirn liegende Gehirnstruktur hat eine zentrale Bedeutung für die Verarbeitung von Sinneswahrnehmungen, die Entstehung von Emotionen und die Regulation vegetativer Funktionen. Die Erregung der Amygdala führt zu einer Stimulierung einer als Locus coeruleus (wörtlich: blauer Kern) bezeichneten, am Übergang zum Rückenmark gelegenen Zellkernstruktur im Stammhirn, die bewirkt, dass im Gehirn massiv Noradrenalin freigesetzt wird. Dadurch wiederum wird der Sympathikus, ein Strang des vegetativen Nervensystems, aktiviert, was unter anderem dazu führt, dass im Nebennierenmark Adrenalin freigesetzt wird. Man spricht hier von der Stimulierung der Sympathikus-Nebennierenmark-Achse.

Diese Stressreaktion des Körpers ermöglicht innerhalb von Sekundenbruchteilen eine Aktivierung und Mobilisierung von Energie, so dass die lebensrettende Reaktion, sei es Flucht oder Kampf, möglich wird: Die Bronchien erweitern sich und der Atem wird schneller, Pulsrate und Blutdruck steigen an, die Muskelspannung erhöht sich und die Reflexe beschleunigen. Die Leber gibt zusätzliche Zuckerreserven ab, und auch sonst wird aus den Fettvorräten des Körpers Energie freigesetzt. Kurzfristig kommt es zu einer Erhöhung der sogenannten Killerzellen im Blut, also zu einer Steigerung der Immunkompetenz und einer Erhöhung der Schmerztoleranz. Gleichzeitig werden die Verdauungstätigkeit und die Empfindlichkeit der Geschlechtsorgane gehemmt.

Damit ist der Organismus innerhalb kürzester Zeit in optimaler Weise vorbereitet und in der Lage, die Bedrohungssituation zu bewältigen. Besteht der Stressauslöser aus einer einzelnen, einer singulären Bedrohung, die rasch bewältigt werden kann, wird die Aktivierung wieder gehemmt, und Adrenalin und Noradrenalin zerfallen bereits nach kurzer Zeit. Auch der Puls beruhigt sich, die Atmung wird wieder langsamer, und die Muskeln entspannen sich zunehmend.

Wird der Stress allerdings durch Situationen ausgelöst, die eine eher längerfristige Bewältigung erforderlich machen, bleibt auch die Aktivierung aufrechterhalten. Darüber hinaus wird eine zweite Stressachse aktiviert: Diese als Hypothalamus-Hypophysen-Nebennierenrinden-Achse bezeichnete nachfolgende, deutlich langsamere zweite Stressreaktion regt in der Nebennierenrinde die Ausschüttung von Kortisol an. Dieses Hormon ermöglicht dem Körper eine längerfristige Anpassung an die Stresssituation, weil es unter anderem die längerfristige und vermehrte Bereitstellung von Energiereserven anregt und überschießende Reaktionen des Immunsystems dämpft.

Gesundheitlich höchst problematisch für den Körper und die Psyche sind die mit einem chronischen Stress verbundenen langfristigen Folgeerscheinungen der ständig überhöhten (Nor-)Adrenalin- und Kortisolspiegel. Sind das vielleicht zunächst Kopfschmerzen oder auch Muskelverspannungen, stellen sich mit der Zeit Rückenschmerzen ein. Auf längere Sicht wird auch das Immunsystem empfindlich gestört, und es kann zu einer verstärkten Infektanfälligkeit oder auch zu Überempfindlichkeitsreaktionen im Sinne von Allergien und Autoimmunerkrankungen kommen. Auch der Verdauungsapparat wird beeinträchtigt, und es steigt das Risiko von Magen-Darm-Geschwüren. Darüber hinaus kann es zu Herz-/Kreislauferkrankungen bis hin zum Herzinfarkt oder Schlaganfall kommen.

Die neuronalen und psychischen Auswirkungen von Stress zeigen sich zunächst meist durch eine Einschränkung der

Stress-Signale

Körperliche Ebene	Behaviorale Ebene	Kognitiv-emotionale Ebene
• Schneller Herzschlag • Erhöhte Muskelspannung • Schnellere Atmung • Schwitzen • Zittern	• Hastiges und ungeduldiges Verhalten • Pausen und Mahlzeiten ausfallen lassen • Schnell und abgehackt sprechen • Betäubungsverhalten: Alkohol, Tabletten • Unkoordiniertes Arbeitsverhalten • Konfliktreicher und aggressiver Umgang mit anderen Personen	• Innere Unruhe, Nervosität, Gehetztsein • Unzufriedenheit, Ärger • Hilflosigkeit • Selbstvorwürfe • Grübeln • Leere im Kopf (Blackout) • Denkblockaden • Eingeschränkte Merkfähigkeit • Angstgefühle

kognitiven Leistungsfähigkeit: Zielgerichtetes Arbeiten ist beeinträchtigt und der Zugriff auf Gedächtnisinhalte oftmals blockiert, stattdessen stellen sich häufig kreisende und grüblerische Gedanken mit Selbstvorwürfen ein. Zudem bewirkt Stress oft ein Gefühl von innerer Unruhe und Gehetztsein. Es kann sich eine zunehmende Gereiztheit, Hektik oder auch eine abnehmende Frustrationstoleranz einstellen. Studien zeigen, dass es, wenn die Belastung zu lange anhält und der Kortisolspiegel dauerhaft hoch bleibt, dazu kommen kann, dass sich bestehende neuronale Strukturen destabilisieren oder sogar rückbilden bzw. degenerieren und die Kommunikation zwischen den Nervenzellen gestört wird. Außerdem besteht ein enger Zusammenhang zwischen einem chronisch erhöhten Kortisolspiegel im Blut und dem Auftreten depressiver Störungen. Auch können aufgrund der Überaktivierung des Sympathikus Panikattacken oder verstärkte Angst entstehen.

Kurz: Stress ist ein nicht zu unterschätzender Faktor in unserem Leben und kann, vor allem wenn er über lange Zeit nicht nachlässt, erhebliche gesundheitliche Schäden verursachen.

Unsere Gesellschaft verändert sich

> Wenn wir eine Situation nicht ändern können, müssen wir uns selbst ändern.
> (Viktor Frankl)

Natürlich gibt es die schicksalhaften, zum Teil sogar traumatischen Erfahrungen und besondere Krisen im Leben, in denen in höchstem Maße Stress entsteht und die psychische Widerstandsfähigkeit in besonderer Weise gefordert ist: Es ist erst wenige Generationen her, dass unsere Vorfahren hierzulande von Krieg betroffen waren und traumatische Kriegserfahrungen verarbeiten mussten, heute sind es unzählige Menschen in den vielen Kriegsgebieten weltweit. Manche Menschen machen schon in ihrer Kindheit oder Jugend existenzbedrohende Erfahrungen von Missachtung oder gar Missbrauch. Sie bringen diese mit ins Erwachsenenleben, wo sie bis heute Verhalten und Erleben maßgeblich beeinflussen. Manche müssen hoch belastende Situationen bewältigen, weil sie Opfer von Gewalt werden oder anderweitig lebensbedrohliche Ereignisse zu meistern haben.

Da gibt es den jungen Mann, Dachdecker von Beruf, der eines Tages keinen sicheren Halt findet und abstürzt. Querschnittslähmung lautet die Diagnose, er habe keine Chance mehr, jemals wieder auf ein Dach zu steigen. Oder denken Sie an den Vater und die Mutter, deren Sohn, kaum die Schule abgeschlossen und mit vielen Hoffnungen ins Berufsleben gestartet, einen tödlichen Motorradunfall hat.

Aber solche besonderen Krisensituationen sind in unserer Gesellschaft nichts Neues, und es wird sie auch immer geben. Sie erklären nicht, was zu dem in den jährlichen Berichten der Krankenkassen nachzulesenden starken Anstieg psychischer Erkrankungen geführt hat, der meiner Ansicht nach ein wichtiger Grund dafür ist, dass das Resilienzkonzept immer größere Beachtung findet.

Ein Teil der gestellten Diagnosen mag mit einer erhöhten Sensibilisierung der Ärzte zu tun haben. Auf jeden Fall, so sind sich die Experten einig, ist eine nicht zu vernachlässigende Ursache für diese Zunahme psychischer Erkrankungen auch in den sich verändernden Bedingungen und steigenden Belastungen im beruflichen Kontext zu suchen (Stichwort »Globalisierung der Arbeit« oder »wachsender Rationalisierungsdruck«).

Die Weltgesundheitsorganisation (WHO) hatte weitsichtig bereits zu Anfang des neuen Jahrtausends Stress zu einer der größten Gesundheitsgefahren des 21. Jahrhunderts erklärt. Die Behörde sagte voraus, dass 2020 Herzinfarkte, Depressionen, Angststörungen und Verkehrsunfälle die größten Leiden der Menschheit darstellen würden. Zumindest die ersten drei stehen in direktem Zusammenhang mit Stresserleben.

Schöne neue Arbeitswelt?

Schon die Industrialisierung und Technisierung hatte weitreichende und revolutionäre Auswirkungen auf die westliche Gesellschaft, und sie hat in weiten Teilen der Bevölkerung zu materiellem Wohlstand und zu einem angenehmen Lebensstandard geführt. Die in den vergangenen 30 Jahren vollzogene Digitalisierung, die mit ihr verbundene Globalisierung und der einhergehende Strukturwandel aber stellen in vielen Bereichen eine ebenso radikale Revolution dar. Und sie haben enorme Auswirkungen sowohl auf die Arbeitswelt als auch auf die individuelle Psyche.

Schon vorher vereinfachten Maschinen die Produktion. Mit der Digitalisierung wird es aber möglich, dass Computer bestimmte Arbeitsprozesse ganz übernehmen und selbständig steuern und dass eintönige oder schwere Arbeit zum Beispiel nun vom Roboter geleistet wird. Das Internet mit seinen vielfältigen Kommunikationskanälen ermöglicht es, manche Geschäftsreise zu vermeiden und die Besprechungen stattdessen per Videokonferenz abzuhalten. Techniker können Maschinen reparieren, ohne vor Ort sein zu müssen, weil sie über das Internet Zugriff auf die Steuerung erhalten. Beinahe jedem Menschen scheint fast überall auf der Welt jederzeit jede gesuchte Information zur Verfügung zu stehen. Eltern kleiner Kinder können dank Homeoffice ihre Arbeit von zu Hause aus erledigen und kommen so weniger unter Druck bei der Bewältigung des Spagats, das Optimum für Familie und Job zu leisten. Und nicht nur für Eltern ist das Homeoffice ein Segen. Erspart einem doch die Arbeit von zu Hause aus den täglichen Stau oder die regelmäßige Panne im öffentlichen Nahverkehr. Der Wandel, der stattgefunden hat, das zeigen diese wenigen Beispiele, bringt vielfältige Vorteile mit sich.

Wie die Ergebnisse des seit 2007 vom Deutschen Gewerkschaftsbund erhobenen »DGB-Index Gute Arbeit« zeigen, haben die mit den Stichwörtern »Digitalisierung« und »Globalisierung der Arbeit« einhergehenden Veränderungen aber oftmals zugleich auch belastende Begleiterscheinungen für die Menschen in Unternehmen. So angenehm es ist, über E-Mail schnell, unkompliziert und zeitnah kommunizieren zu können, sehen sich andererseits viele Menschen einer Flut von Nachrichten ausgesetzt, bei denen sie nicht eigentlicher Adressat sind, es aber doch erwartet wird, dass sie mitlesen. Gleichzeitig wird weniger direkt mündlich kommuniziert, was manchen Prozess unnötig kompliziert erscheinen lässt. Wie der Index zeigt, ist die Arbeitsmenge, die durch Digitalisierung doch eigentlich kleiner werden sollte, für viele eher größer geworden. Die E-Mailflut ist sicher nur eine von vielen Ursachen, aber sie trägt mit dazu bei.

Auch der mit der Globalisierung und der Wirtschaftskrise 2009 weiter gewachsene Rationalisierungsdruck führt in vielen Branchen zu einer zunehmenden Arbeitsintensivierung. Grund dafür sind die billige Konkurrenz aus dem Ausland oder auch sinkende Absatzzahlen. Zudem werden Personaldecken ausgedünnt, um Kosten einzusparen. Die Arbeitsmenge aber bleibt in vielen Unternehmensbereichen die gleiche. Nur die Last verteilt sich nun auf weniger Schultern, die dann in der gleichen Zeit mehr leisten müssen als früher oder eben mehr Überstunden machen müssen. Oftmals wird so ausgedünnt oder die Arbeit so verteilt, dass keine Krankheits- oder Urlaubsvertretung mehr möglich ist – und zudem werden Erwartungen laut, auch dann noch erreichbar zu sein, wenn man eigentlich nicht mehr funktionieren kann oder sich regenerieren sollte. Der Anruf vom Vorgesetzten oder auch vom Kunden während einer Erkrankung oder im Urlaub ist für viele heutzutage eine mehr als fragwürdige Normalität. Und so angenehm neuere Erfindungen wie Smartphone und Tablet im Privatleben auch sind, wenn man damit von überall her Kontakt mit den Lieben zu Hause halten kann oder schon von unterwegs Urlaubsfotos teilt: wer sein Smartphone geschäftlich nutzt, ist damit dann auch rund um die Uhr und fernab des Arbeitsplatzes für seinen Vorgesetzten erreichbar. Wenn jemand dann keine funktionierenden Abgrenzungsstrategien hat oder von Unternehmensseite keine guten Regelungen abgesprochen sind, kann derjenige sich auf einmal nachts um elf Uhr noch Erwartungen ausgesetzt sehen, die E-Mail des Chefs beantworten oder für den nächsten Tag eine Präsentation vorbereiten zu müssen.

Auch der Umgang mit dem enormen Wachstum von Wissen stellt eine neue Herausforderung dar. Wer up to date sein muss, kann sich nicht mehr auf das einmal erworbene Wissen verlassen, sondern muss, ob er es will oder nicht, die Forschungsergebnisse, die rund um die Welt publiziert werden, integrieren. Das betrifft den Arzt genauso wie den Ingenieur oder auch die Lehrerin.

Auf einer ganz anderen Ebene entsteht eine weitere nicht zu unterschätzende Belastung: Bringt die Digitalisierung auch vielfältige neue Berufe mit sich, so stehen andererseits viele Arbeitsplätze auf der Kippe. Nicht nur in der Produktion Tätige erleben die Angst, ersetzbar zu sein. Die Veränderungen betreffen genauso den Bankangestellten oder die Verkäuferin. Und so gesellt sich zum ganz normalen Alltagsstress bei vielen auch heute schon die Sorge um den Arbeitsplatz.

Aller Stress nur selbstgemacht?

Der gesellschaftliche Wandel hat auch enorme Auswirkungen auf die individuelle Psyche: Der moderne Mythos, dass alles machbar und nichts unmöglich ist, setzt enorm unter Druck und erzeugt oftmals überfordernde Erwartungen an den Einzelnen und Erwartungen des Einzelnen dem Leben gegenüber. Die in uns verankerten Bedürfnisse nach Bedeutsamkeit, nach Zugehörigkeit oder auch nach Selbstwertsteigerung sind über die Jahrtausende unverändert geblieben – aber die Referenzpunkte haben sich gewaltig verändert. In der Arbeit suchen wir Sinn und wollen uns selbst verwirklichen. Die Arbeit soll uns Identität und Selbstbewusstsein geben, sie soll Quelle des Glücks und der Zufriedenheit sein. Während aber der Schreiner vielleicht am Ende seines Arbeitstages den fertigen Tisch in der Werkstatt hat, haben die meisten Menschen das Ergebnis ihres Tuns nicht vor Augen und haben es deshalb schwer, in ihrer Arbeit die Befriedigung dieser Bedürfnisse zu erfahren.

Auch außerhalb der Arbeit wirken diese Bedürfnisse und die vielfältigen Erwartungen, die häufig mit einem extremen Perfektionismus verbunden sind: Neben der erfolgreichen Karriere sollen die perfekte Familie stehen und ein großer Freundeskreis, die unsere Bedürfnisse nach Nähe und Geborgenheit erfüllen. Daneben wartet ein anspruchsvolles Sport- und Wellnessprogramm, damit wir gesund bleiben und bis ins hohe Alter gut aussehen. Wir sollen uns nachhaltig ernähren und fortbewegen, politisch interessiert sein und unsere (Fort-)Bildung auf keinen Fall vernachlässigen. Denn wenn man diese Erwartungen nicht erfüllen kann, gerät man unter Stress, und es setzt unweigerlich ein Gefühl von Versagen ein.

Jeder Fall ist anders

Seit vielen Jahren leite ich Stressmanagementseminare. Dabei begegne ich Menschen, die an einer Vielzahl von Stressauslösern leiden. Bei den einen ist es Lärm oder auch Schmutz. Sehr häufig wird der Stress durch Konflikte ausgelöst oder durch die nicht mehr zu bewältigende Arbeitsfülle. Manche leiden unter Vorgesetzten, die sich den Mitarbeitern gegenüber abwertend verhalten oder unerreichbare Ziele setzen. Andere leiden unter Kollegen, die die eigenen Ideen stehlen oder von denen man anderweitig ausgenutzt wird. Manche geraten unter Druck, weil es mit der Kinderbetreuung nicht klappt oder aber weil die alt gewordenen Eltern auf einmal pflegebedürftig werden, sie selbst aber keinen Bewegungsspielraum oder Puffer mehr haben, mit dem sie diese zusätzliche Belastung auch noch stemmen könnten. Die persönlichen Erfahrungen hören sich nicht spektakulär an, ihre Auswirkungen können aber doch auch schicksalhaften Charakter haben:

Da ist zum Beispiel der junge Ingenieur, der nach dem Studium hoch ambitioniert weit weg von der Heimat bei einem Weltkonzern anheuert. Beim Einstellungsgespräch legt er seine Karriereziele offen, und es werden ihm weitreichende Zusagen gegeben. Er stürzt sich engagiert in die Arbeit. Dann aber kommt die wirtschaftliche Krise und mit der Krise der Umbau der Firma – Restrukturierung in allen Bereichen –, und am Ende steht er beruflich in einer Sackgasse: keine Karriere, kein funktionierendes soziales Umfeld am Arbeitsort, Ratlosigkeit, wie er weitermachen kann und will, und daraus folgend psychische Beeinträchtigungen.

Dann gibt es die Sachbearbeiterin in der Personalabteilung, die heute dreimal so viele Mitarbeiter zu betreuen hat wie noch vor 15 Jahren. Es ist nicht so, dass der Aufwand weniger geworden wäre, aber mal wurden Stellen in der Abteilung gestrichen, später konnten frei werdende nicht wiederbesetzt werden. Und so wurde ihre Arbeitsüberlastung zum Dauerzustand. Manchmal kann sie es nicht verhindern, dass sie in Situationen, in denen etwas von ihr verlangt wird, das sich auch nur ein klein wenig außerhalb der Routine bewegt, und in denen vielleicht etwas Druck ausgeübt wird, in Tränen ausbricht. Das ist ihr oft auch noch peinlich, und sie empfindet es als beschämend, weil sie sich in diesen Momenten nicht mehr im Griff hat.

Da ist die Krankenschwester, deren Patienten besonders intensive Pflege benötigen (diejenigen, die etwas selbständiger sind, werden möglichst schnell entlassen). Aufgrund des massiven Fachkräftemangels erlebt sie kaum einen freien Tag, an dem sie nicht angerufen und gebeten wird, für eine kranke Kollegin einzuspringen. Jedes Mal kommt sie in Gewissenskonflikte. Besteht sie auf ihrem freien Tag, befürchtet sie, als egoistisch und unkollegial wahrgenommen zu werden. Springt sie ein, treibt sie Raubbau an ihren Kraftreserven, weil sie sich keine Regenerationszeit mehr nimmt.

Das sind nur ein paar wenige Beispiele alltäglicher belastender und zum Teil zermürbender Situationen. Solche Erfahrungen führen zu dem, was der Medizinsoziologe Johannes Siegrist als »Gratifikationskrise« bezeichnet. Damit beschreibt er ein Missverhältnis zwischen dem gezeigten Engagement einer Person (ihrem Einsatz von Zeit, Wissen, Leistung und auch der Identifikation mit der Aufgabe) und der für diesen Aufwand erhaltenen Belohnung (die nicht nur im Sinne von angemessener Bezahlung, sondern auch in Wertschätzung, Beförderungschancen und Ähnlichem besteht). Dieses Missver-

Modell zur Stressanalyse

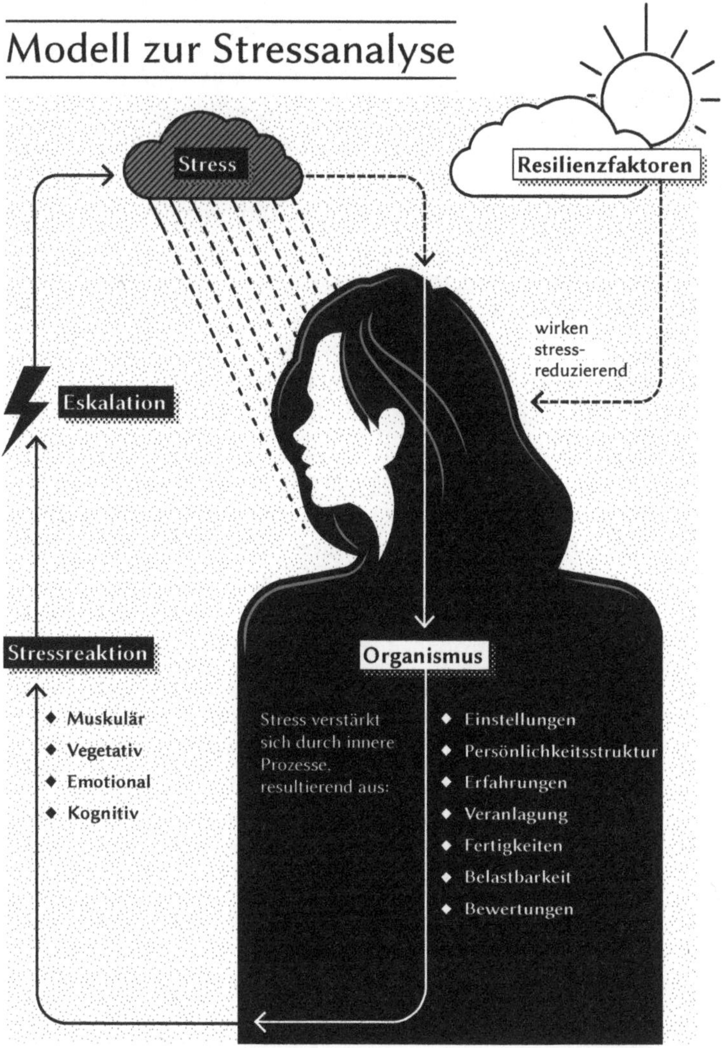

hältnis kann bei denjenigen, die aufgrund ihrer Abhängigkeit vom Arbeitsplatz oder auch aufgrund persönlicher starker Leistungs- und Verausgabungsbereitschaft in der belastenden Situation verbleiben, massive Stressreaktionen hervorrufen. Die langfristigen Folgen solcher Gratifikationskrisen bestehen nach Siegrist in erhöhten Risiken, zum Beispiel ein Burnout (ein krisenhafter Prozess mit den Kernsymptomen emotionale Erschöpfung, reduzierte Leistungsfähigkeit und negative, mitunter sogar zynische Haltung seinen Mitmenschen gegenüber) zu erleiden oder an einer Depression oder einer Angststörung zu erkranken. Genau aus diesem Grund rückt die Frage nach der psychischen Widerstandsfähigkeit verstärkt ins Blickfeld.

Denn ob und wie Menschen mit den Belastungen ihres Lebens umgehen und ob sie »gezeichnet« oder gestärkt aus ihnen hervorgehen, ist eine Frage ihrer individuellen psychischen Widerstandsfähigkeit, ihrer Resilienz.

Je nach Stärke ihrer Widerstandskraft reagieren Menschen, die ähnliche Situationen erleiden, unterschiedlich. Die einen sehen sich selbst und ihre Identität in Frage gestellt, andere werden ihre Lebens- und Arbeitssituation als Herausforderung zur Veränderung, zum Wachstum und zur Entwicklung interpretieren, und wieder andere reagieren mit Resignation. Manche nehmen solche Situationen zum Anlass, die eigenen Werte und Ziele neu zu justieren, andere scheitern an ihren Ansprüchen. Und im schlechtesten Falle werden Letztere Stresssymptome, wie zum Beispiel Grübeln, schwindendes Selbstvertrauen, vielleicht auch Hoffnungslosigkeit entwickeln und aus einer der Stressfolgen heraus krank werden.

Übung macht den Meister

Aus der Erfahrung heraus, dass nicht jeder Mensch in gleicher Weise auf belastende Reize reagiert, hat Richard Lazarus das »transaktionale Stressmodell« entwickelt: Dieses macht besonders deutlich, dass vor allem die dynamische Beziehung zwischen Umwelt und Person zu einem Stresserleben führt. Zwei Bewertungsprozesse spielen eine Rolle, wenn es zu Stress kommt: erstens die Bewertung der Situation als wichtig für das eigene Wohlbefinden und zweitens die Einschätzung, keine ausreichenden Bewältigungsressourcen zu haben. Demnach bedeutet resilient(er) zu sein nichts anderes als das Wissen, vielfältige Ressourcen und Möglichkeiten zur Verfügung zu haben und sie in belastenden Situationen richtig einsetzen zu können.

Welche Ressourcen aber sind das? Und wie können sie eingesetzt werden, oder was machen die sogenannten »resilienten« Menschen anders als andere? Was macht Menschen widerstandsfähig? Gibt es so etwas wie ein Immunsystem für die Seele und wenn ja, wie kann man es trainieren?

Ich bin der tiefen Überzeugung, dass Übung und Stärkung möglich sind, dass wir Einfluss nehmen können auf unsere Ressourcen, auf unsere äußeren und inneren Möglichkeiten, mit belastenden Situationen umgehen zu können – dass wir negativen Gedanken und Gefühlen nicht ausgeliefert sind, dass wir lernen können, Situationen neu und anders zu bewerten, und dadurch wieder mehr Selbstvertrauen in unsere eigene Kraft gewinnen und unsere Möglichkeiten ausbauen können, unser Leben selbst zu gestalten.

In meinen Seminaren sind für mich die Momente am schönsten, wenn deutlich wird, dass es Teilnehmenden gelingt, durch eine Veränderung ihrer inneren Wirklichkeit, ihrer Blickwinkel oder ihrer Bewertungen Einfluss auf ihre Gefühle und ihr persönliches Stresslevel zu nehmen, und zwar erstaunlicherweise auch dann, wenn sie die äußeren Rahmenbedingungen selbst gar nicht verändern können.

Bei aller Zufriedenheit damit, dass es gelingen kann, bei gleichbleibender Belastung die individuelle Beanspruchung durch Training von Resilienz zu reduzieren, ist es mir aber doch wichtig und immer bewusst, dass dieses Training niemals das Engagement, an den krankmachenden Strukturen zu arbeiten und sie zu verändern, ersetzen darf. Im betrieblichen Gesundheitsmanagement geht Verhältnisprävention vor Verhaltensprävention. Das heißt, dass man Gesundheitsvorsorge dadurch betreibt, dass zunächst Strukturen verändert und Arbeitsinhalte, Arbeitsorganisation und Arbeitsumgebung nach arbeitswissenschaftlichen Erkenntnissen gestaltet werden. Oftmals können wir aber nicht abwarten, bis sich durch zähe Prozesse Situationen und Strukturen verbessert haben, und dann ist es hilfreich, wenn die Betroffenen die eigenen Widerstandskräfte stärken, um die Widrigkeiten ihres (Arbeits-)Lebens gut und gesund bewältigen zu können.

Wie resilient sind Sie?

Im Folgenden finden Sie die von einem Forscherteam der Universität Jena ins Deutsche übersetzte und validierte Version der von G. Wagnild und H. Young (1993) entwickelten Resilience Scale, eines Fragebogens, über den jeder für sich selbst herausfinden kann, wie resilient er ist. Lesen Sie sich jede der folgenden Feststellungen durch und kreuzen Sie an, wie sehr die Aussagen im Allgemeinen auf Sie zutreffen, das heißt wie genau Ihr übliches Denken und Handeln durch diese Aussagen beschrieben wird.

von **1** (= ich stimme nicht zu) bis **7** (= ich stimme völlig zu)

1	Wenn ich Pläne habe, verfolge ich sie auch.	1 2 3 4 5 6 7
2	Normalerweise schaffe ich alles irgendwie.	1 2 3 4 5 6 7
3	Ich kann mich eher auf mich selbst als auf andere verlassen.	1 2 3 4 5 6 7
4	Es ist mir wichtig, an vielen Dingen interessiert zu bleiben.	1 2 3 4 5 6 7
5	Wenn ich muss, kann ich auch allein sein.	1 2 3 4 5 6 7
6	Ich bin stolz auf das, was ich schon geleistet habe.	1 2 3 4 5 6 7
7	Ich lasse mich nicht so schnell aus der Bahn werfen.	1 2 3 4 5 6 7

8	Ich mag mich.	1 2 3 4 5 6 7
9	Ich kann mehrere Dinge gleichzeitig bewältigen.	1 2 3 4 5 6 7
10	Ich bin entschlossen.	1 2 3 4 5 6 7
11	Ich stelle mir selten Sinnfragen.	1 2 3 4 5 6 7
12	Ich nehme die Dinge, wie sie kommen.	1 2 3 4 5 6 7
13	Ich kann schwierige Zeiten durchstehen, weil ich weiß, dass ich das früher auch schon geschafft habe.	1 2 3 4 5 6 7
14	Ich habe Selbstdisziplin.	1 2 3 4 5 6 7
15	Ich behalte an vielen Dingen Interesse.	1 2 3 4 5 6 7
16	Ich finde öfter etwas, worüber ich lachen kann.	1 2 3 4 5 6 7
17	Mein Glaube an mich selbst hilft mir auch in harten Zeiten.	1 2 3 4 5 6 7
18	In Notfällen kann man sich auf mich verlassen.	1 2 3 4 5 6 7
19	Normalerweise kann ich eine Situation aus mehreren Perspektiven betrachten.	1 2 3 4 5 6 7
20	Ich kann mich auch überwinden, Dinge zu tun, die ich eigentlich nicht machen will.	1 2 3 4 5 6 7
21	Mein Leben hat einen Sinn.	1 2 3 4 5 6 7
22	Ich beharre nicht auf Dingen, die ich nicht ändern kann.	1 2 3 4 5 6 7
23	Wenn ich in einer schwierigen Situation bin, finde ich gewöhnlich einen Weg heraus.	1 2 3 4 5 6 7
24	In mir steckt genügend Energie, um alles zu machen, was ich machen muss.	1 2 3 4 5 6 7
25	Ich kann es akzeptieren, wenn mich nicht alle Leute mögen.	1 2 3 4 5 6 7

Aus: K. Leppert: RS – Resilienzskala. In: E. Brähler, J. Schumacher und B. Strauß (Hrsg.): Diagnostische Verfahren in der Psychotherapie (Diagnostik für Klinik und Praxis, Bd. 1). Göttingen [2]2003. S. 295–298.

Addieren Sie nun Ihre Werte: Je höher der Gesamtwert, desto stärker ausgeprägt ist Ihre Resilienz.

Ein Blick in die Resilienzforschung

Ihren Ausgangspunkt hatte die Resilienzforschung in der Entwicklungspsychologie. Im Fokus standen die langfristigen Folgen kritischer Entwicklungsbedingungen für die Entwicklung von Kindern und Jugendlichen. Es wurde angenommen, dass einzelne Faktoren eine gesunde Entwicklung erschweren oder sogar verhindern können. Die Auswirkungen ebendieser Faktoren wurden untersucht.

Die wohl bekannteste und einflussreichste Studie wurde auf der hawaiianischen Insel Kauai durchgeführt. Die Entwicklungspsychologin Emmy E. Werner und ihre Kollegin Ruth Smith erhielten die Möglichkeit, alle im Jahr 1955 auf der Insel geborenen Kinder über längere Zeit zu beobachten bzw. in eine Längsschnittstudie aufzunehmen und auf diese Weise ihre Entwicklung und ihr Aufwachsen zu begleiten. Über 40 Jahre erhoben sie zu sieben Zeitpunkten Daten über die Entwicklung der Kinder. Sie machten Persönlichkeits- und Leistungstests, führten Interviews und beobachteten das Verhalten der Kinder und späteren Erwachsenen. Von den untersuchten 698 Kindern waren 210 Kinder einem hohen Entwicklungsrisiko ausgesetzt, weil mindestens vier der folgenden Risikofaktoren zutrafen: Stress vor der Geburt, Armut, chronisch familiäre Disharmonie, Vernachlässigung, familiäre Gewalt und Misshandlung, psychisch kranke oder alkoholabhängige Eltern. Wie erwartet entwickelten zwei Drittel der Kinder, die solchen Risikofaktoren ausgesetzt waren, Lern- und Verhaltensauffälligkeiten, manche von ihnen wurden sogar straffällig.

Viel spannender, weil unerwartet, war aber die Entwicklung des letzten Drittels (72 Kinder) dieser Hochrisikogruppe. Diese wuchsen zu zuversichtlich, erfolgreich, optimistisch und verantwortungsvoll beschriebenen Erwachsenen mit guten sozialen Kompetenzen heran. Offensichtlich gab es in ihrem Leben schützende und stabilisierende Faktoren und Ressourcen, die sie zwar verletzlich, aber doch in gewisser Weise unbesiegbar (»vulnerable but invincible«), also resilient, machten.

In der Resilienzforschung bei Kindern und Jugendlichen geht es auch heute noch vor allem darum, diese Schutzfaktoren zu identifizieren und Möglichkeiten zu finden, diese durch Präventionsmaßnahmen zu fördern.

Auch bei der Erforschung der Resilienz von Erwachsenen, deren Geschichte nicht so weit zurückreicht, geht es darum, die Faktoren zu identifizieren, die Menschen sowohl gegenüber alltäglichen chronischen Belastungssituationen wie auch gegenüber kritischen Lebensereignissen und traumatischen Erfahrungen widerstandsfähiger machen. Anstatt also weiterhin die negativen Auswirkungen von Stress und Traumata zu erforschen, wird spätestens seit der Wende zur Positiven Psychologie der Fokus nun auch darauf gerichtet, welche Kräfte und Ressourcen dabei helfen, Stress und Leid besser zu ertragen und möglichst unbeschadet zu überwinden.

Diskutiert wurde in der Forschung zunächst, was genau psychische Widerstandsfähigkeit meint:

Ist Resilienz so etwas wie Resistenz, also eine spezifische persönliche Anlage oder Disposition, aufgrund derer belastende Ereignisse »weggesteckt« werden, ohne überhaupt einen besonderen Eindruck zu hinterlassen? Dann wäre die resiliente Person so etwas wie der Fels in der Brandung, dem auch die größten Wellen nichts anhaben können. Diejenige Person hätte eben das Glück, ein »dickes Fell« zu besitzen, durch das sie die Widrigkeiten des Lebens besser wegstecken kann.

Oder ist Resilienz eher so etwas wie die Fähigkeit zur besonders schnellen Erholung und Regeneration, so dass durch Stresserleben zwar eine psychische Belastung entsteht, die betroffene Person aber schnell und unproblematisch wieder in ihren Alltag zurückkehren und diesen wie vorher bewältigen kann? In der Literatur wird diese Fähigkeit oft mit der Geschmeidigkeit eines Bambusrohrs verglichen, das sich im Sturm biegt, aber eben nicht bricht, sondern sich, nachdem der Wind sich gelegt hat, wieder aufrichtet, als wäre nichts gewesen.

Oder, und das wäre die dritte Möglichkeit, ist Resilienz so etwas wie eine Rekonfiguration? Damit ist gemeint, dass zur Bewältigung der Belastungserfahrung ein Anpassungsprozess erfolgt, der im Sinne eines psychischen Reifungsprozesses dazu führt, dass man besser gegen zukünftige Lebensstürme gewappnet ist: Wie der Baum auf der Klippe sein Wachstum an die Windrichtung anpasst, um dem Sturm möglichst wenig Angriffsfläche zu bieten, verändert die resiliente Person ihre Verhaltensweisen und ihr Denken, um mit der belastenden Situation besser umgehen zu können. Damit wäre Resilienz eine Art prozesshaftes Geschehen und als ein Ergebnis von erfolgreichen Lernerfahrungen anzusehen. Daraus ließe sich dann auch der Schluss ziehen, dass für eine gute und gesunde Entwicklung und um resilient zu werden, ein Mensch Erfahrungen mit moderat schwierigen und belastenden Situationen braucht, die er erfolgreich bewältigen kann.

Schließlich ist immer der Einfluss der sozialen Umwelt auf die Entwicklung der Resilienz eines Menschen zu beachten. Zahlreiche Studien weisen darauf hin, dass soziale Unterstützung und wertschätzende, ermutigende Beziehungserfahrungen wesentlich zu höherer Resilienz beitragen.

Unabhängig von diesen Ansätzen ist klar, dass Resilienz darüber hinaus keine generelle und über alle Zeiten, Situationen und Lebensbereiche hinweg stabile Eigenschaft ist. Es kann sein, dass jemand Phasen erlebt, in denen die sonst vorhandene Widerstandskraft erhöhter Vulnerabilität weicht. Außerdem kann ein Mensch gute Bewältigungsstrategien gegenüber bestimmten Stressoren haben, für andere aber nicht ausreichend gerüstet sein.

Einige Autoren unterscheiden außerdem zwischen echten und unechten Resilienzfaktoren. Die echten, so zum Beispiel Mourlane, seien die von Karen Reivich und Andrew Shatté in ihrem Buch *The resilience factor* beschriebenen Faktoren. Dies sind Optimismus, Emotionssteuerung, Impulskontrolle, Empathie, Kausalanalyse (also die Fähigkeit, Gründe für etwas auszumachen), Selbstwirksamkeitsüberzeugung (man glaubt, etwas gestalten zu können) und Zielorientierung (es geht darum, ein Ziel im Auge zu behalten und zu erreichen). Alle ansonsten in der Literatur genannten Faktoren, wie zum Beispiel Lösungsorientierung, Akzeptanz, Netzwerkorientierung oder das Verlassen der Opferrolle, die zum Teil auch als Säulen der Resilienz bezeichnet werden, seien demgegenüber unechte Faktoren, weil es sich hier um Verhaltensweisen handle.

Zu welchem Ergebnis die Diskussion letztlich kommt, vermag ich nicht vorauszusagen. Vielleicht ist das am Ende auch gar nicht so wichtig. Wesentlich für die Praxis scheint mir, zu zeigen: Es lohnt sich, nach den eigenen Ressourcen und psychischen Schutzfaktoren zu suchen und damit individuelle Möglichkeiten zu finden, den in jedem Leben unvermeidlichen Leiderfahrungen und schwierigen Lebenssituationen etwas entgegenzusetzen und sich Lebensenergie, Zufriedenheit, Freude und Sinn zu erhalten oder zumindest wiederzufinden. Denn zuletzt geht es nur darum, in einer zunehmend komplexen Lebenswirklichkeit psychisch gesund zu bleiben und ausreichend Bewältigungsstrategien für die kleinen und großen Unwägbarkeiten des Lebens zur eigenen Verfügung zu haben. Dabei gilt es, bei sich selbst schädigende, nicht hilfreiche, sogenannte dysfunktionale Grundhaltungen zu hinterfragen, gegebenenfalls auch an ihrer Veränderung zu arbeiten und darüber hinaus die vorhandenen Potentiale zu entdecken, zu stärken, einzuüben und zu nutzen.

Die Resilienzfaktoren

In der Fachliteratur werden unterschiedliche Kompetenzen von Personen, kognitive Verarbeitungsmuster, Bewertungsprozesse sowie soziale und soziokulturelle Ressourcen als Resilienz- oder Schutzfaktoren beschrieben. Für die Praxis des Stressmanagements und der Förderung von Resilienz ist, wie schon gesagt, der akademische Streit über echte oder unechte Resilienzfaktoren meiner Ansicht nach nicht relevant. Denn insgesamt betrachtet gibt es bei den beschriebenen Faktoren starke inhaltliche Überlappungen mit – auch unabhängig vom Thema Resilienz entwickelten – psychologischen Konzepten wie zum Beispiel der Selbstwirksamkeitserwartung, dem Kohärenzgefühl, aber auch dem Selbstwert und Selbstvertrauen oder dem Konzept des dispositionellen Optimismus (also einer grundsätzlich erst einmal positiven Erwartungshaltung den Dingen gegenüber).

Wesentlich scheint mir hingegen die Feststellung, dass, anders als lange Zeit angenommen, Resilienz keine ausschließlich sozialisationsbedingt erworbene Kompetenz ist, bei der wir Glück haben können oder Pech, wenn wir eben unter ungünstigen Verhältnissen aufgewachsen sind. Vielmehr zeigen uns zum Beispiel die Forschungsergebnisse der modernen

Neuropsychologie, dass wir bis ins hohe Alter Denk- und Verhaltensmuster neu lernen oder aber alte Muster verändern können – nicht von heute auf morgen, aber mit entsprechendem Bewusstsein und Ausdauer haben wir alle jederzeit die Chance, unser seelisches Immunsystem zu trainieren und stärker zu machen.

Um welche Faktoren also geht es?

Für eine gute Resilienz ist es hilfreich, seine Emotionen steuern zu können, um etwa in der Lage zu sein, auch in schmerzhaften Zeiten positive Emotionen zu erleben. Hilfreich ist weiterhin die Fähigkeit, eine realistisch optimistische Perspektive auf die Dinge einzunehmen. Schließlich gehört eine hohe Selbstwirksamkeitserwartung dazu, das heißt die Überzeugung, etwas aus eigener Kraft bewältigen zu können.

Positiven Einfluss auf die Resilienz hat außerdem ein gut ausgeprägtes Selbstwertgefühl. Das gilt auch für die Fähigkeit, dem eigenen Leben einen Sinn und ein Ziel abgewinnen zu können. Wie die (entwicklungs-)psychologische Forschung außerdem aufzeigte, sind ein soziales Netz und empathische Beziehungen stabilisierende Puffer gegen Stress.

Schließlich hilft eine gute Impulskontrolle und -steuerung. Damit ist die Fähigkeit gemeint, dass ich nicht auf jeden Reiz reagieren und nicht jedem ersten Impuls folgen muss, sei er innerlich im Sinne von Gedanken oder Gefühlen oder äußerlich im Sinne von Unterbrechungen oder anderen ablenkenden Reizen. Weiterhin ist die Fähigkeit zu nennen, eine Balance zwischen Geben und Nehmen, zwischen Belastung und Ausgleich herzustellen.

Grundlage für das Training der Resilienz ist aus meiner Sicht schließlich die Fähigkeit zur Selbstreflexion und die Bereitschaft zur und das Training der Achtsamkeit, um sich selbst, das heißt sowohl das körperliche Befinden als auch die eigenen Emotionen und Gedanken überhaupt wahrnehmen zu können.

Bevor ich die einzelnen Resilienz- und Schutzfaktoren etwas näher beschreibe, möchte ich dazu einladen, sich zunächst bewusst zu machen, dass tatsächlich jeder Mensch Ressourcen hat – der eine vielleicht mehr, der andere etwas weniger – doch jeder hat sie! Sich dieser Ressourcen auch während des Lesens bewusst zu werden, sie dann in sich selbst (wieder) zu entdecken und für sich verfügbar zu machen, ist ein wichtiger Schritt auf dem Weg zu mehr Resilienz.

Positive Emotionen und Emotionssteuerung

Emotionen sind ein wesentlicher Teil unseres Lebens. Sie stellen eine unmittelbare Reaktion auf auch unbewusst von unseren Wahrnehmungsorganen aufgenommene Reize und eine Bewertung derselben dar. Emotionen haben maßgeblichen Einfluss auf unser Denken, unsere Motivation und auf unsere

> Was helfen uns die schweren Sorgen?
> Was hilft uns unser Weh und Ach?
> Was hilft es daß wir alle Morgen
> Beseuftzen unser Ungemach?
> Wir machen unser Kreutz und Leid
> Nur größer durch die Traurigkeit.
> (Georg Neumark)

Entscheidungen. Alles in allem machen Emotionen bzw. das individuelle Empfinden von Emotionen als Gefühl unser Leben bunt – und manchmal auch ganz schön schwer. Bei allem, was wir tun, sind Emotionen beteiligt. Nur sind sie manchmal nicht so intensiv, dass wir sie bewusst als Gefühl erleben.

In Bezug auf das Thema Resilienz sind Emotionen in vielfacher Hinsicht wichtig:

Zum einen geht es um die Wirkung positiver Emotionen. Wir alle sehnen uns und streben nach Gefühlszuständen, die wir als Glück und Zufriedenheit, als Freude, Lust oder Fröhlichkeit erleben: Wir wollen stolz sein, können Dankbarkeit empfinden und Kraft tanken bei dem, was uns Hoffnung gibt. Und das natürlich auch dann, wenn wir aufgrund belastender Lebenssituationen tatsächlich fast keine oder nur noch wenige positive Emotionen erleben: Ein Teilnehmer eines Trainings war unzufrieden wegen einer Krise, in der er steckte. Er brachte die Unzufriedenheit so zum Ausdruck: »Ich war früher so ein fröhlicher Mensch – und heute kann ich nicht mehr lachen.« Positive Emotionen stellen also schon für sich genommen aufgrund ihres Belohnungscharakters einen hohen Wert für uns dar.

Darüber hinaus, so zeigt eine Vielzahl von Studien, haben positive Emotionen auch insgesamt einen günstigen Einfluss auf unser Leben. So sind Menschen mit positiveren Gefühlen erfolgreicher im Beruf, haben die besseren sozialen Beziehungen, sie sind kreativer und auch aufmerksamer. Positive Emotionen wirken sich zudem positiv auf die Gesundheit oder bei kranken Menschen auf die Genesung aus. Menschen, die auch in schwierigen Situationen in der Lage sind, positive Emotionen zu erleben, verfügen also über eine höhere Resilienz, so die maßgeblich an der Weiterentwicklung der Positiven

Psychologie beteiligte amerikanische Psychologin Barbara Fredrickson.

Da positive Emotionen diese wünschenswerte und negative, unangenehme oder gar schädigende Emotionen entsprechend ungünstige Wirkung haben, ist es außerdem von großer Bedeutung, Emotionsregulationskompetenzen zu entwickeln, um perspektivisch vor allem mit den unangenehmen Emotionen konstruktiv umgehen und sich von ihnen distanzieren zu können.

Neurophysiologisch betrachtet entstehen unsere Emotionen wie auch Stress im limbischem System. Stark vereinfacht kann man sagen, dass die positiven Emotionen mit einer Erregung in einem bestimmten dazugehörenden Zentrum (Nucleus accumbens) verbunden sind, die negativen mit der Amygdala. In der Amygdala sind nicht nur die instinktiv-biologischen Reaktionen auf lebensbedrohliche Reize gespeichert (das heißt, sie ermöglicht uns eine unmittelbare Reaktion ohne zeitaufwendige kognitive Verarbeitung), sondern sie ist auch Sitz des emotionalen Gedächtnisses, und genau das macht sie auch für die positiven Emotionen bedeutsam.

Neuronale Erregung in diesen und den damit verbundenen Hirnregionen sowie die damit zusammenhängende Ausschüttung bestimmter Botenstoffe oder Neurotransmitter bewirken eine Zustandsveränderung in Körper und Geist, die sich sowohl in körperlichen als auch in mentalen Reaktionen widerspiegelt. Die aufgrund der Erregung entstehende Emotion kann letztlich als eine Bewertung dieser Zustandsveränderung im Körper oder Gehirn verstanden werden.

Stellt sich uns beispielsweise ein Maskierter in den Weg, so reagiert die Amygdala und signalisiert eine mögliche Bedrohung. Unmittelbar reagieren wir mit einem Flucht- oder

Abwehrreflex – oder wir erstarren für einen Moment (fight-flight-freeze). Das alles passiert in Sekundenbruchteilen.

Je nachdem, was die kognitive Bewertung der Situation ergibt, wird die emotionale Reaktion ausfallen. Falls wir realisieren, dass noch andere maskierte Menschen unterwegs sind, und wir uns erinnern, dass Fasching ist, sind wir vermutlich erleichtert und entspannen uns. Die Erregung der Amygdala wird gehemmt und die Stressreaktion löst sich auf, nach wenigen Sekunden ist alles vorbei. Ist aber nicht Fasching, sondern der Maskierte ist ein Zeichen für einen bevorstehenden Überfall, bleibt die Erregung hoch, und je nachdem, ob wir uns stark genug fühlen, den Angreifer in die Flucht zu schlagen, oder ob wir uns hilflos und schwach fühlen, entstehen Ärger und Aggression oder aber Angst.

Grundsätzlich sind wir von der Evolution her wesentlich besser darauf trainiert, die Probleme und Schwierigkeiten, also das Negative in unserem Leben, stärker zu beachten und zu analysieren als das Positive. Denn im Zweifel haben die Stressreaktion und die Aufmerksamkeitsfokussierung auf die Bedrohungen das Überleben unserer eiszeitlichen Vorfahren gesichert, und in mancher Situation sichern sie es auch heute noch, sei es etwa in Situationen, wie eben geschildert, oder wenn wir beispielsweise in einer kritischen Verkehrssituation reflexartig reagieren und auf die Bremse treten, noch bevor wir Geschwindigkeiten verglichen oder die Wirkung eines Aufpralls berechnet haben.

Doch nun kommt das eigentliche Problem: Die heute üblichen Belastungen sind meist keine derart kurzfristigen Ereignisse. Die meisten Menschen leiden heute unter langfristigen, oft als unveränderbar erlebten Zuständen. Deshalb ist es fatal, wenn unsere Aufmerksamkeit und unsere Gedanken ununterbrochen um diese Belastungen kreisen, denn das hat zur Folge, dass unser neuronales Stresszentrum permanent erregt ist, Stresshormone in den Körper ausgeschüttet werden und wir in der Folge wie im Teufelskreis gefangen immer und immer wieder negative Emotionen erleben.

Forschungsergebnisse weisen darauf hin, dass Menschen mit höherer Resilienz besser in der Lage sind, sich aus diesem Teufelskreis zu befreien. Es gelingt ihnen eher, den Blick vom Stress, von ihrem Leid oder ihrer Belastung abzuwenden und auch die guten, schönen und wohltuenden Dinge in ihrem Leben wahrzunehmen und sich an ihnen zu freuen. Das bewirkt neurophysiologisch einen schnelleren Rückgang der neuronalen Erregung. Außerdem bietet die positive Emotion eine Art seelischer Auszeit, in der wieder Kraft getankt und Ressourcen gebildet werden, auf die man dann später zurückgreifen kann, wenn man erneut in eine belastende Situation gerät.

Das kann große Wirkung haben: Eine Klientin befand sich seit Jahren in einer äußerst verdichteten Arbeitssituation. Sowohl ein Vorgesetzter als auch Kolleginnen waren immer wieder – und dann vor allem auch langfristig – krank. Sie selbst sah kurzfristig keine Möglichkeiten, die Situation grundlegend zu verändern, ein Wechsel des Arbeitsplatzes kam nicht in Frage. Nach Abschluss der von mir durchgeführten Präventionsmaßnahme schrieb sie mir eine Mail: Auch wenn noch nicht alles gut sei, so arbeite sie daran, das umzusetzen, was wir besprochen hatten. Und im Postskriptum berichtet sie, wie ein Kollege, der an derselben Präventionsmaßnahme teilgenommen hatte, eines Morgens zu ihr ins Büro kam und ihr eine Sonnenblume frisch vom Feld gebracht hat: »Ich war total überwältigt und habe den ganzen Tag nur gestrahlt.« An diesem Tag, so bin ich überzeugt, war die Arbeit nicht weniger geworden und an sich ähnlich belastend wie an allen anderen Tagen – aber meine Klientin hat sich anders gefühlt und konnte in ihrer Freude anders mit der Belastung umgehen. Selbst als die Blume schon wieder verwelkt war, so berichtete sie, sei sie in besonders schwierigen Situationen kurz hinausgegangen und habe sich daran erinnert, wie es ihr ging, als sie die Sonnenblume bekommen hatte. Allein durch diese positive Erinnerung sei es ihr in diesen Momenten wieder besser gegangen.

Resiliente Menschen sind, auch das zeigt das Beispiel, außerdem in der Lage, negative Emotionen überhaupt erst einmal bewusst als solche wahrzunehmen und dann in sich Möglichkeiten zu finden, diese Emotionen so zu verändern, dass sie sich besser fühlen und am Ende auch wieder positive Emotionen als solche erleben können.

Dabei geht es nicht darum, die unangenehmen Emotionen zu vermeiden oder sie zu unterdrücken und zu verdrängen. Gefühle sollen angenommen und ausgedrückt werden, dann kann man sie auch wieder loslassen. Denn jedes dieser als unangenehm oder negativ erlebten Gefühle liefert uns wichtige Informationen darüber, dass wir Bedürfnisse und/oder für uns wichtige Ziele als bedroht wahrnehmen. Es lohnt sich darum auf jeden Fall, genau hinzuspüren und das zu erkennen und wahrzunehmen, was uns belastet, um mit der Krise, in der wir uns befinden, gut umgehen zu können. Oder anders ausgedrückt: Emotionsregulation baut auf der Analyse der Ursache der Emotion auf, weil nur eine solche Analyse es möglich macht, nach angemessenen Veränderungsmöglichkeiten zu suchen und dann, sofern dies möglich ist, gezielt Einfluss auf die Emotion zu nehmen, oder dort, wo das nicht möglich ist, in einem konstruktiven Prozess die Emotion als solche zu tolerieren und zu akzeptieren. Damit das gelingen kann, muss die Emotion wie ge-

Übungen zur Stärkung positiver Emotionen

Bohnenübung: Stecken Sie sich morgens ein paar Bohnen in die Hosentasche. Jedes Mal, wenn Sie etwas erleben, was Ihnen guttut, was Ihnen Freude macht, wo jemand oder etwas Ihnen wohlgetan hat, oder auch, wenn etwas gut gelungen ist und wenn Sie einen Erfolg verbuchen konnten, nehmen Sie eine der Bohnen und stecken sie in die andere Hosentasche. Am Abend nehmen Sie sich kurz Zeit, holen die Erfolgsbohnen aus der Tasche und versuchen sich nochmals daran zu erinnern, in welcher Situation Sie sich diese Bohne gegeben haben. Notieren Sie diese positive Erfahrung dann in einem kleinen Erfolgs- oder Positivtagebuch. Sie werden staunen: Es reichen schon drei positive Ereignisse, um Wirkung zu erzielen.

In Bezug auf das Gute und Schöne im Leben finde ich Mäßigung aber nicht unbedingt notwendig: Wenn Sie

sagt zunächst erst einmal bewusst wahrgenommen, erkannt und benannt werden, weil nur so auch die mit der Emotion verbundene Information greifbar wird. Manchmal hilft schon das achtsame Wahrnehmen und Benennen eines Gefühls im Sinne von »Aha, da ist Ärger« oder »Da ist Angst«, um sich ein klein wenig von der Emotion zu distanzieren und eine Veränderung zu ermöglichen. Denn allein dadurch wird uns bewusst, dass wir dieses Gefühl zwar haben, dass wir aber nicht das Gefühl *sind*, und wir gewinnen neuen inneren Handlungsspielraum.

Sollte das nicht ausreichen, um die Emotion zu verändern, ist es nützlich, den in der Emotion liegenden Informationsgehalt selbst genauer anzuschauen:

mehr gute Dinge erleben, dann gönnen Sie sich doch noch ein Böhnchen mehr! Wie die Positive Psychologie nachweisen konnte, trainiert diese kleine Übung die Wahrnehmung der positiven Erfahrungen und Emotionen. Regelmäßig durchgeführt, verbessert sie deutlich unser Wohlbefinden.

Falls Sie die Übung variieren wollen, konzentrieren Sie sich doch mal auf die Dinge, für die Sie Dankbarkeit empfinden. Ich bin sicher, auch das verändert ihr Lebensgefühl.

Oder als dritte Variante: Erzählen Sie sich doch beim gemeinsamen Essen in der WG oder in der Familie oder beim Treffen mit Freunden von nun an nicht mehr all das, was schiefgelaufen ist im Laufe des Tages, sondern lassen Sie die anderen an Ihren Freuden teilhaben.

Vielleicht ist es anfangs etwas stiller bei Tisch, aber ich bin sicher: Mit etwas Übung werden die Gespräche bald wieder angeregter und lauter.

Angst warnt vor Gefahr und unterstützt dabei, die Gefahr zu vermeiden oder vor ihr zu fliehen. Ärger und Wut zeigen an, dass eigene Ziele und Pläne bedroht sind, und helfen positiv gewendet bei deren Durchsetzung. Trauer zeigt einen Verlust an und erleichtert den Rückzug bzw. das Abschiednehmen. Ekelgefühle warnen vor potentiell Gefährlichem, Scham und Schuld machen uns bewusst, dass wir die Regeln unseres sozialen Kontextes verletzt haben oder zumindest meinen, dies getan zu haben. Beide Gefühle sichern uns, wenn wir entweder Signale der Demut oder aber der Entschuldigung und des Wunsches nach Wiederherstellung bzw. Reparation senden, unseren Verbleib in der sozialen Gruppe. Frustration zeigt auf, dass Erwartungen nicht erfüllt wurden – also solche, die wir an uns selbst hatten, oder auch Erwartungen an andere.

Aber nicht jede Angst zeigt zum Beispiel eine reale Gefahrensituation an. Manchmal sind es belastende Vorerfahrungen, manchmal fehlende persönliche Fähigkeiten und manches Mal vielleicht auch unrealistische Phantasien, die eine trotzdem sehr real wirkende Angst erzeugen und uns lähmen. Ein wichtiger Schritt auf dem Weg zu positiver Veränderung besteht nun darin, mit dieser in der Situation eher unangemessenen Emotion konstruktiv umzugehen, ihren Ursprung zu bedenken und herauszufinden, welche die Belastungssituation vielleicht sogar noch verstärkenden Konsequenzen diese emotionale Reaktion nach sich zieht.

Wenn es im Training darum geht, die eigene Stressbelastung zu reduzieren, die aufgrund von extremer Arbeitsverdichtung entstanden ist, werden mir immer wieder Ängste geschildert. Wurden zum Beispiel bisher Überstunden gemacht oder Pausen durchgearbeitet, so kann Veränderung dadurch bewirkt werden, dass die eigenen Grenzen zunächst für sich selbst wahrgenommen, dann aber auch gegenüber Kollegen oder Vorgesetzten formuliert werden und ihre Achtung eingefordert wird. Frage ich danach, was genau diese Ängste auslöst, dann schildern manche, dass sie schlicht Angst haben, dass die Kommunikation der gewünschten Veränderung zur Konsequenz haben könnte, dass sie ihren Job verlieren. Andere befürchten, bei den Kollegen danach weniger beliebt zu sein. Wieder andere haben das Gefühl, ihre Pflicht nicht mehr zu erfüllen, oder haben Angst, die Selbstachtung zu verlieren. Abhängig davon, wo jemand arbeitet, können diese Befürchtungen tatsächlich berechtigt sein. Oft sind sie aber auch übertrieben, haben dann ihren Ursprung nicht in der Situation selbst, sondern in früheren Erfahrungen oder übernommenen Grundüberzeugungen und Einstellungen. Der Betroffene muss sie sich erst einmal bewusst machen, um ihren Einfluss zu reduzieren. Denn solange sie unbewusst wirken, können sie natürlich nicht aktiv verändert werden. Und dadurch bliebe die betroffene Person in ihrer negativen Emotion und in gewisser Weise im selbstschädigenden Verhalten gefangen.

Wenn es aber gelingt, die Ursachen zu entdecken und dann aus der Angst herauszutreten, fällt es leichter, sich von ihr zu distanzieren. Und aus der Distanz heraus lässt sich auch leichter eine neue Perspektive zur belastenden Situation einnehmen, oder es gelingt, auch mal ein vielleicht bisher ungewohntes Verhalten auszuprobieren und einzuüben, um so dem Ziel der Stressreduktion näher zu kommen. Das alles zusammen stellt aus psychologischer Sicht einen resilienten Umgang mit Emotionen dar – sie werden wahrgenommen und beachtet, aber wir erlauben ihnen nicht, uns zu beherrschen.

Realistischer oder angelegter bzw. dispositioneller Optimismus

»Es wird schon alles gut werden!«, so sagt der Optimist mit seiner generalisierten, zeitlich und situativ gesehen stabilen positiven Ergebniserwartung. Und weil er davon ausgeht, dass tatsächlich auch alles gut werden wird, kann er entweder gelassen abwarten, wie sich die Dinge entwickeln, oder aber, wenn es sich als notwendig erweisen sollte, engagiert Einsatz zeigen. Dann wird er alles, was möglich und nötig ist, dafür tun, dass auch tatsächlich alles gut werden kann. Dann lautet der Satz vielleicht: »Ich oder wir schaffen das!«

Die Welt besteht aus Optimisten und Pessimisten.
Letztlich liegen beide falsch.
Aber der Optimist lebt glücklicher.
(Kofi Annan)

Die beiden Psychologen Charles S. Carver und Michael Scheier beschreiben diesen sogenannten dispositionellen Optimismus im Rahmen ihres Selbstregulationsmodells. Dieses Modell erklärt, wie Personen, um ihre Ziele zu erreichen, in einem ständigen Selbstbeobachtungsprozess einen Abgleich zwischen Ist- und Soll-Zustand vornehmen und ihr Verhalten entsprechend darauf ausrichten, den Soll-Zustand, also das Ziel, zu erreichen. Der Optimismus spielt als Erwartungstendenz eine große Rolle dabei, wie wir mit Barrieren auf dem Weg zum Ziel umgehen. Es zeigt sich, dass Optimismus sowohl das weitere Verhalten als auch die Wahl der Bewältigungsstrategien in hohem Maße beeinflusst. Optimistische Menschen erwarten eher positive Konsequenzen und positive Ergebnisse, und sie legen zudem eine größere Handlungs- und Durchhaltebereitschaft an den Tag als Pessimisten. So kommt es, dass sie nach einem Misserfolg nicht gleich aufgeben, sondern nach anderen, neuen Wegen suchen, die Herausforderung zu bewältigen. Und sie bleiben entschlossen dran, wenn es darum geht, Veränderung zu bewirken. Andererseits zeichnen sich Optimisten auch dadurch aus, dass es ihnen gelingt, sich dort, wo sie ein Ziel tatsächlich nicht erreichen können, schneller von diesem Ziel zu lösen als Pessimisten und sich neuen Zielen zuzuwenden.

Eine große Zahl von Studien weist die günstige und sogar gesundheitsförderliche Wirkung eines realistischen Optimismus nach. So scheint Optimismus einen direkten positiven Einfluss auf das Immunsystem zu haben. Optimistische Menschen zeigen außerdem im Falle einer Erkrankung, auch bei schwerwiegenden wie Krebs- oder Herzerkrankungen, weitaus bessere und schnellere Genesungsverläufe. Dies wird vor allem auf die aktivere Herangehensweise an die Erkrankung zurückgeführt. Und Optimisten schmieden ganz konkrete Pläne, wie sie ihren Heilungsverlauf beschleunigen können, und setzen sich Ziele für die Bewältigung der Krankheit und sogar die Zeit danach, während Pessimisten eher in der momentan negativen Emotion verharren und passiv bleiben.

Und auch, wenn es um psychische Belastungen geht, hilft Optimismus, die Belastungssymptome zu reduzieren bzw. erst gar nicht aufkommen zu lassen. Optimisten reagieren gelassener auf Stress, ihr Körper schüttet deshalb weniger Adrenalin aus, und sie zeigen demzufolge weniger heftige Stressreaktionen. Hinzu kommt, dass der optimistischere Umgang mit der Belastungssituation den emotionalen Umgang mit ihr wesentlich beeinflusst und dass der aktivere Bewältigungsstil für den von der Krise Betroffenen zu mehr sozialer Unterstützung führt.

Vorausgesetzt aber, dass Optimismus ein grundlegendes Persönlichkeitsmerkmal ist: Wie kann Optimismus dann im Rahmen eines Resilienztrainings überhaupt geübt werden? Grundsätzlich gehen die Persönlichkeitspsychologen davon aus, dass Traits, also die so bezeichneten grundlegenden Eigenschaften einer Person, nicht ohne weiteres verändert werden können. Es gibt jedoch – und das ist die gute Nachricht für alle, die ihre eigene Resilienz stärken und verbessern wollen – Untersuchungen, die zeigen, dass zum Beispiel eine über mindestens zwei Wochen täglich durchgeführte fünfminütige Imaginationsübung, während der sich eine Person ihr »best possible self« vorstellt, zumindest vorübergehend den eigenen Optimismus erhöhen kann.

Ein solches positives Denken über sich selbst und die eigenen Möglichkeiten geht in die Richtung dessen, was man »gelernten Optimismus« nennen kann. Dabei, das ist mir wichtig zu betonen, darf Optimismus nicht mit einem wirklichkeitsfernen Blick durch die rosarote Brille, im Sinne einer besonderen Kraft des positiven Denkens, verwechselt werden, wie er teilweise in der Selbsthilfeliteratur angepriesen wird. Beim Schutzfaktor des Optimismus geht es nicht darum, die belastenden Faktoren zu leugnen oder zu verdrängen, sondern um eine bestimmte Perspektive, die beim Blick auf die Belastung eingenommen wird. Und diese Perspektive eröffnet Kräfte und Wege zur Bewältigung der Krise.

Martin Seligman, ursprünglich bekannt geworden durch seine Forschung über Depression und gelernte Hilflosigkeit, wandte sich in den 1990er Jahren der Positiven Psychologie zu. Ihm ging es um den gelernten Optimismus als Attributionsstil (dieser zeigt, welche Ursachen Menschen bestimmten Vorgängen und Erfahrungen zuschreiben bzw. wie sie diese attribuieren). So erklären sich optimistische Menschen einen Erfolg durch stabile, internale (also innere) und globale Faktoren (»ich bin toll und kann viel und deshalb hat es geklappt«) und einen Misserfolg durch variable, externale (also von außen kommende) und spezifische Faktoren (»in dieser bestimmten Situation gab es zu viele Störfaktoren von außen; ich kann nichts dafür, dass es schiefging«).

Dieser optimistische Denkstil hat Auswirkungen: Eine Person, die diesen Denkstil pflegt, wenn sie in eine schwer belastende Situation kommt, geht meist davon aus, dass die Situation schnell vorübergeht, sie selbst die Situation verändern kann und die Belastung auch nur auf diese spezielle Situation begrenzt ist. Jemand mit pessimistischem Attributionsstil wird stattdessen der Meinung sein, dass es jetzt immer so weitergehen wird und er selbst nichts dagegen unternehmen kann. Oft kommt er ins Grübeln, malt sich Katastrophenszenarien aus, die wiederum lähmend wirken, die Konzentration beeinträchtigen und von einer konstruktiven Bewältigung der Krise ablenken.

Insofern ist Optimismus als schützender Denkstil ein Resilienzfaktor, der darüber hinaus auch andere Schutzfaktoren, wie zum Beispiel eine höhere Selbstwirksamkeit, verstärkt.

Selbstwirksamkeitserwartung

»Man kann sowieso nichts verändern – und ich schon gar nicht, ich bin doch nur ein kleines Rädchen in diesem Getriebe, und solange mein Chef das duldet …«, so höre ich es manchmal in meinen Trainings. Und solange die Erwartung meines Teilnehmers darauf ausgerichtet ist, dass sein Chef von sich aus erkennt, dass sein Mitarbeiter leidet und er einschreiten sollte, muss ich ihm auch recht geben. Es wird sich also wohl nichts verändern, denn sein Chef spürt keinen Leidensdruck, etwas zu ändern. Wahrscheinlich nimmt der es nicht einmal wahr, dass für meinen Teilnehmer die Situation derartig schwierig ist. Wenn mein Teilnehmer sich jedoch dazu entschließen sollte, nicht weiter zu leiden, nicht weiter ertragen und erdulden zu wollen, dass sich zum Beispiel seine Kollegen laut unterhalten, während er versucht, eine komplizierte Aufgabe zu lösen, dann könnte sich in der Tat etwas ändern. Er könnte sein

Unwohlsein thematisieren und mit den anderen nach gemeinsamen Lösungen suchen, die ihm ein ungestörtes Arbeiten, den anderen aber vielleicht zugleich ihr Gespräch ermöglichen. Und er würde erleben, dass es möglich ist, wenn nicht im Großen, so zumindest im Kleinen, Veränderung zu gestalten. Kurz: Er würde sich selbstwirksam erleben.

Das vor allem mit dem Namen Albert Banduras verbundene psychologische Konzept der Selbstwirksamkeit ist gelebter Widerspruch zu jeglicher Form von Fatalismus und Resignation. Es betont, dass jeder (!) Mensch, anstatt sich in sein Schicksal zu ergeben und Situationen, seien sie auch noch so belastend und ermüdend, hinzunehmen, individuelle Möglichkeiten der Gestaltung und des Einflusses auf das eigene Leben insgesamt, aber auch auf besonders belastende Situationen hat.

Die Selbstwirksamkeitserwartung lässt sich insofern definieren als die subjektive Erwartung einer Person, Anforderungen gewachsen zu sein und sie entsprechend angemessen aus eigener Kraft und mit eigenen Mitteln bewältigen zu können. Hier geht es also wieder, so könnte man sagen, um die kognitive Bewertung der Anforderungen einer Situation, in Beziehung gesetzt zu den eigenen Fähigkeiten und Kompetenzen. In ihrer allgemeinen Form umfasst sie alle Lebensbereiche und soll eine optimistische Einschätzung der generellen Lebensbewältigungskompetenz zum Ausdruck bringen. Neben dieser gibt es aber auch spezifische Formen der Selbstwirksamkeitserwartung, in denen die Kompetenzerwartung auf spezielle Bereiche wie zum Beispiel den eigenen Beruf oder besondere Situationen beschränkt ist.

Die Forschung zeigt uns, dass mehrere Mechanismen zu dieser positiven Wirkung der Selbstwirksamkeitserwartung beitragen:

Zunächst führt Vertrauen in die eigene Kompetenz, eine schwierige Situation gut zu bewältigen oder auch günstig beeinflussen zu können, dazu, dass Situationen wesentlich seltener als bedrohlich wahrgenommen werden. Wie meinte doch mein Teilnehmer? Hätte er Zutrauen in seine kommunikativen Kompetenzen gehabt, daran geglaubt, dass es ihm gelingen könnte, den anderen auf eine gute Art und Weise mitzuteilen, dass ihre Unterhaltungen für ihn sehr störend sind, dann wäre für ihn gar kein Leiden entstanden.

Wer sich also selbst viel zutraut beim Umgang mit Stresssituationen, wird von vornherein gar nicht so häufig belastet. Dabei kann es natürlich auch vorkommen, dass die eigene Kompetenz überschätzt wird. Doch selbst dann entsteht weniger Stress als bei einer gegenteiligen Einschätzung, weil aktiver mit der Situation umgegangen wird. Der Mensch verhält sich anders als bei geringerer Selbstwirksamkeitserwartung, die zu eher passivem, erduldendem und defensivem Umgang mit der belastenden Situation führt.

Weil sich Personen mit hoher Selbstwirksamkeitserwartung außerdem als weniger verletzlich wahrnehmen, erleben sie in Belastungssituationen tatsächlich weniger Stressreaktionen oder auch Hilflosigkeit. Sie wählen deshalb in Situationen, die ihre individuellen Bewältigungsmöglichkeiten übersteigen, Strategien zur Bewältigung, die problemorientiert und sachbezogen sind (und aus diesem Grund haben solche Menschen auch größere Erfolgsaussichten). Auch sie können also überfordert werden oder in Situationen geraten, in denen sie nicht mehr weiterkommen – dann aber zeigen sie einen ausgeprägten strategisch-lösungsorientierten Umgang mit dieser Belastungssituation und sind gleichzeitig in der Lage, die Belastung innerlich zu einer Herausforderung ins Positive umzudeuten.

Günstig wirkt sich bei Menschen mit hoher Selbstwirksamkeitserwartung außerdem aus, dass sie stärkeres Vertrauen in ihre Selbstregulationsfähigkeiten haben. Das führt dazu, dass sie selbst in Zeiten mit hoher Belastung besser in der Lage sind, negative oder katastrophisierende Gedanken zu kontrollieren bzw. aus diesen Gedanken auszusteigen. Sie erlauben sich also nicht, in ihren Grübeleien oder in Schwarzmalerei zu verharren, sondern stoppen diese Gedankenkreise, um sich stattdessen mit positiven Lösungsmöglichkeiten auseinanderzusetzen.

Deshalb wird sich, um nochmals auf mein Beispiel zurückzukommen, für meinen Teilnehmer so lange nichts ändern, wie er denkt, er könne sowieso nichts ausrichten. Zuerst muss er aus dem Teufelskreis von negativen, hilflosen Gedanken und den sich daraus entwickelnden negativen und hilflosen Gefühlen aussteigen und aus seiner Opferrolle herauskommen. Erst dann kann er darüber nachdenken, ob manche Arbeiten in Absprache mit seinem Vorgesetzten in Besprechungsräume verlegt werden könnten, ob es möglich sein könnte, die Schreibtische anders zu stellen, oder ob er seine Arbeitszeiten so einrichten kann, dass er bestimmte Aufgaben dann macht, wenn die anderen noch nicht da oder schon wieder weg sind usw.

Aus der Resilienzforschung liegen verschiedene Studien vor, die den Einfluss der Selbstwirksamkeitserwartung in chronischen Stresssituationen untersuchen: Menschen mit hoher Selbstwirksamkeitserwartung weisen weniger Stresssymptome auf und geraten seltener ins Burnout als solche mit niedrigerer Selbstwirksamkeitserwartung. Andere Studien belegen, dass eine hohe Selbstwirksamkeitserwartung zu weniger Stresssymptomatik und einer besseren Fähigkeit zur psychischen Anpassung nach traumatischen oder kritischen Lebensereignissen führt.

Diese positiven Momente einer hohen Selbstwirksamkeitserwartung machen deutlich, dass es sich beim Aufbau von Resilienz lohnt, den Blick auf die kontrollier- und beeinflussbaren Aspekte zu konzentrieren, um sich selbst als das eigene Leben aktiv gestaltend wahrzunehmen. Allein schon die Konzentration auf das Veränderbare lässt die anderen Dinge, die man nicht beeinflussen kann, leichter ertragen.

»Ohne Fleiß kein Preis«, heißt ein Sprichwort, das auch beim Aufbau von Selbstwirksamkeitsüberzeugungen gilt. Die eigene Kompetenz und Wirksamkeit erlebt man nämlich auch und vor allem dort, wo man sich anstrengen muss, um etwas zu erreichen. Deshalb trainiert sich die Selbstwirksamkeitsüberzeugung u. a. durch das Setzen anspruchsvoller, aber realistischer Ziele. Denn selbst wenn deren Erreichen Mühe kostet, belohnt solche Mühe eben nicht zuletzt besonders durch das sich dabei einstellende positive Erfolgsgefühl. Das stärkt dann wiederum das Vertrauen in die eigenen Möglichkeiten, auf belastende Situationen Einfluss zu nehmen.

In meinen Trainings hilft es den Teilnehmern oft sehr, die belastenden Situationen genau zu analysieren und die Handlungsspielräume auszukundschaften. Manchmal mögen diese Spielräume sehr klein sein. Doch allein schon diese kleinen Handlungsspielräume zu erkennen, sie manchmal gegen den Widerstand anderer durchzusetzen und dann auch zu nutzen, um im eigenen Interesse eine Veränderung oder Entlastung zu bewirken, stärkt das Vertrauen in die eigenen Gestaltungsmöglichkeiten. Und das ist das beste Gegengift gegen jede Form von Resignation. Manchmal heißt das auch, dass man sich mit eingefahrenen Verhaltensmustern auseinandersetzen muss, die früher einmal hilfreich waren, heute aber vielleicht gar nicht mehr angemessen sind.

Förderlich kann bei der Umsetzung im Sinne des Modelllernens zudem der Blick auf diejenigen sein, die das erwünschte Verhalten schon erfolgreich vorleben. Ebenso günstig wirkt positiver Zuspruch von außen oder allgemein das Zutrauen, das andere einem entgegenbringen.

Von außen betrachtet sind es wirklich (man kann das gar nicht oft genug betonen) manchmal Kleinigkeiten, die aber für diejenigen, die sich in diesen Situationen gefangen fühlen, oftmals große Herausforderungen darstellen. Manchmal geht es wie im obigen Beispiel um das Einrichten störungsfreier Arbeitsphasen, ein anderes Mal um die Gestaltung von Pausen oder darum, ob Vorgesetzten Überlastungssituationen mitgeteilt werden oder nicht. Und dann höre ich diese Sätze, die mit: »Ich kann doch nicht …« beginnen oder mit »… das bringt doch nichts« enden. Es ist ein großer und wunderbarer Schritt, wenn daraus ein »Ich kann …« bzw. ein »Ich traue mich …« wird. Wird dann der Plan auch noch erfolgreich umgesetzt – und stellt sich dabei etwa heraus, dass der Vorgesetzte die Überforderung gar nicht wahrgenommen hatte und selbst großes Interesse daran hat, dass sich die Situation verbessert, oder stellt es sich im anderen Falle heraus, dass die Kollegen einer Pausenregelung positiv gegenüberstehen –, dann sind das für die Betroffenen große Erfolge, die das Stresserleben positiv verändern und Mut machen, weitere Schritte in diese Richtung zu gehen, um die eigene Belastungssituation noch weiter zu verändern.

Insofern lohnt es durchaus, immer wieder einmal darüber nachzudenken, wo man sich resignativ mit Situationen abgefunden hat oder wann man zum Beispiel in die innere Kündigung gegangen ist, weil man für sich keine Handlungsspielräume und Gestaltungsmöglichkeiten mehr gesehen hat. Solche Überlegungen sind ein guter Ausgangspunkt dafür, für sich, vielleicht mit einem Freund oder auch einem professionellen Gegenüber, nach Einfluss-, Gestaltungs- und Veränderungsmöglichkeiten zu suchen.

Soziale Einbindung und Unterstützung

> Es ist nicht gut, dass der Mensch allein ist. Ich will für ihn eine Hilfe machen, so etwas wie ein Gegenüber.
>
> (Gen 2,18)

Die Globalisierung unserer Arbeitswelt zieht hohe Erwartungen an Mobilität nach sich, fördert sicherlich aber auch die Neugier und Lust auf Neues im Kontext offenerer Grenzen und vielfältigerer Möglichkeiten. Viele haben im Rahmen ihrer Ausbildung und beruflichen Weiterentwicklung ihre Heimat bzw. ihre vertrauten Ursprungsorte verlassen und müssen sich zum Teil in regelmäßigen Zeitabständen in neue soziale Umgebungen eingewöhnen. In Bezug auf Resilienz bergen diese Veränderungen gewisse Risiken. Denn sowohl aus der Stress- als auch aus der Resilienzforschung wissen wir, dass gerade in krisenhaften Lebenssituationen stabile und vertraute soziale Netzwerke außerordentlich wichtig und schützend sind.

Diese schützende Wirkung eines guten Netzwerks und sozialer Unterstützung auf das Wohlbefinden und die psychische Gesundheit ist in vielen Studien gut belegt worden. Bereits die frühe Resilienzforschung von Emmy Werner, aber auch Studien über Kinder von Einwandererfamilien, wie sie zum Beispiel von dem Soziologen und Psychologen Glen H. Elder durchgeführt wurden, zeigen auf, dass eine stabile Einbindung in ein soziales Netz, eine hohe Beziehungsqualität zu relevanten Bezugspersonen und eine förderliche unterstützende Haltung gegenüber Kindern und Jugendlichen wesentliche Bedingungen für die Entwicklung von hoher Resilienz darstellen. Für den Umgang mit Belastungen stellen Beziehungen eine Art Puffer dar. Dieser Puffer lässt den Stress, dem man ausgesetzt ist, die Krise, die man durchlebt, oder das schwere Schicksal, mit dem man sich konfrontiert sieht, besser und leichter ertragen. Ein Netzwerk wirkt in diesem Sinne als Bewältigungsressource, die die negativen Folgen der Krise oder Belastung mildert. Die positiven Wirkungen sozialer Beziehungen werden darauf zurückgeführt, dass die Rückmeldeprozesse der anderen Menschen das eigene Fühlen, Denken und Handeln positiv regulieren.

Bei der Betrachtung der sozialen Interaktionen lassen sich verschiedene Ebenen voneinander unterscheiden: Neben der häufig in den Vordergrund gerückten emotionalen Unterstützung sind dies sowohl die rein praktisch-instrumentelle als auch die informationelle Unterstützung.

Emotionale Unterstützung besteht in Trost, in Zuwendung, Verständnis oder auch im Gefühl von Zugehörigkeit und Rückhalt, das man durch Beziehungen erfährt.

Oft ist es schon allein die bloße Gegenwart eines anderen in einer hoch belasteten Situation, die eine positive Wirkung entfaltet: Sie stabilisiert emotional und psychisch und hilft dadurch, die Belastung besser zu bewältigen. Nicht alleine zu sein, sondern jemanden an seiner Seite zu wissen, während man in der Klinik auf eine Tumoroperation oder einen Befund wartet, macht das Warten nicht leicht, zumindest aber etwas erträglicher. Zu wissen, dass da jemand ist, der an einen glaubt oder der einem etwas zutraut, kann in extrem herausfordernden Leistungssituationen den Unterschied zwischen Erfolg und Misserfolg ausmachen.

Auch das dem Einzelnen durch solche Beziehungen vermittelte Gefühl, Bedeutung und Zusammenhalt zu haben, stärkt die psychische Widerstandskraft. Zu wissen, dass man für jemanden wichtig ist, kann motivieren, Bewältigungsstrategien zu suchen, um aus der Krise herauszukommen oder auch mit der belastenden Situation einmal anders umzugehen. Solche Wertschätzung kann auch außerhalb familiärer Beziehungen erfahren werden. Auch in betrieblichen Kontexten können sich Mitglieder eines Teams dieses Gefühl von Bedeutung vermitteln, indem sie sich gegenseitig zeigen, dass der jeweilige Input der einzelnen Teammitglieder wertvoll ist. Auf diese Weise können sie zu einer wertschätzenden und unterstützenden Teamkultur beitragen. Und ganz nebenbei wirkt sich dieses Gefühl, wichtig und bedeutend zu sein, positiv auf das Selbstwertgefühl aus und ermöglicht damit wiederum den Zugriff auf wieder andere Ressourcen.

Außerdem wird durch soziale Beziehungen auch Verhalten erleichtert, das die eigene Gesundheit fördert. So kann das Netzwerk zum Beispiel dabei unterstützen, den inneren Schweinehund zu überwinden und Sport zu treiben, weniger zu trinken oder sich gesünder zu ernähren.

Der Resilienzfaktor soziale Unterstützung beschränkt sich aber nicht auf die emotional-motivationale Ebene. Denn gerade in schwierigen Situationen ist es oft besonders wichtig, auch praktische Hilfe zu erhalten, sei es in Form von konkreten Handlungen oder aber in der Bereitstellung von finanziellen oder Sachmitteln. So wirkt die soziale Einbindung auf dieser praktischen Ebene auch als Schutzschild, weil bestimmte Belastungen durch eine gute soziale Integration erst gar nicht auftreten: Falls Ihr Kind wieder einmal unerwartet früh aus der Schule nach Hause kommt und alleingelassen zu werden droht, können eine gute Nachbarschaft oder Freunde in unmittelbarer Nähe akute Betreuungsengpässe auffangen. Oder bei Krankheit werden von Nachbarn alltägliche Arbeiten rund um das Haus erledigt, der Rasen wird gemäht oder auch mal ein Essen gekocht.

Der dritte Aspekt der sozialen Unterstützung besteht darin, in der Belastungssituation die Informationen zur Verfügung gestellt zu bekommen, die einen wieder handlungsfähiger machen, indem sie die eigene Hilflosigkeit verkleinern oder auch Perspektiven eröffnen. Solche Informationen schaffen Handlungssicherheit oder ermöglichen es oftmals erst, Unterstützungssysteme in Anspruch zu nehmen. In einer Welt, in der Information im Überfluss vorhanden ist, kann ja bereits die pure Fülle zum Problem werden, weil sie zu überblicken selbst schon wieder enorme Energiereserven bindet. Insofern ist ein Netzwerk, das hilft, diese Informationen zu filtern oder auf die in der konkreten Situation notwendigen zu reduzieren, gerade in Stress- oder Krisensituationen von großer Hilfe. Wie entlastend kann es sich auswirken, wenn in einem akuten Pflegebedarf jemand zur Stelle ist, der sich ganz praktisch mit den notwendigen Schritten zur Einstufung in einen Pflegegrad auskennt oder der weiß, welche Dienstleister vor Ort was anbieten!

Erstaunlicherweise ist es dabei gar nicht zwingend erforderlich, die Unterstützung, die all diese positiven Effekte nach sich zieht, auch tatsächlich zu erhalten. Allein schon die Erwartung und die Überzeugung, durch das vorhandene soziale

Netz – seien es Familie, Freunde, Nachbarn oder Kollegen – potentiell unterstützt zu werden, hat eine schützende Wirkung und wird als Ressource wahrgenommen.

Insofern macht es durchaus Sinn, sich genauer anzuschauen, in welchem Zustand das eigene soziale Netz sich eigentlich befindet. Wen gibt es in den Reihen der Kollegen und Kolleginnen, wen in der Nachbarschaft, wen in der Familie, oder welche Freundinnen und Freunde sind vorhanden? Und dann die noch viel spannendere Frage: Welche Qualität haben diese Beziehungen? Sind das Beziehungen, die Freude, Selbstvertrauen, Geborgenheit, Liebe und auch Unterstützung geben? Oder sind es Beziehungen, die als belastend empfunden werden und vor allem Energie rauben? Und bei denen, die unterstützend wirken: Wie wurden sie in den letzten Monaten und Jahren gepflegt?

Meiner Erfahrung nach werden in Stressphasen Beziehungen mit als Erstes vernachlässigt, obwohl man intuitiv sehr wohl um ihre Bedeutung weiß: Die Pause und das Mittagessen mit den Kollegen opfert man, um noch schnell eine Arbeit abzuschließen. Abends ist man viel zu müde und verschiebt deshalb das Telefonat mit der Freundin auf jenen unbestimmten Zeitpunkt, zu dem man (voraussichtlich) mal wieder mehr Luft und den Kopf frei hat. Ein Kinobesuch, ein Essen oder Sport mit Freunden müssen warten, bis das Projekt abgeschlossen ist – und dabei verdrängt man, dass die nächste Aufgabe schon längst in der Warteschleife steht. Die Einladung zum Grillen aus der Nachbarschaft wird dankend angenommen, in der Prioritätenliste aber dann doch hinter den noch zu schreibenden Bericht oder die schon zu lange vernachlässigte Hausarbeit geschoben. Und die Familie? Die gehört ja sowieso zu einem, die hält schon aus, dass man keine Zeit für sie hat.

Für die Kolleginnen wird man auf diese Weise schnell zum Eigenbrötler, den man besser in Ruhe lässt, den man im Ernstfall dann aber auch nicht unbedingt unterstützt. Bei den Freunden und Freundinnen gilt man bald entweder als unzuverlässig oder als wenig interessiert an der Freundschaft: Sie ziehen sich zurück und intensivieren lieber andere Beziehungen. Die Nachbarn akzeptieren vielleicht die Zurückhaltung, reagieren aber irgendwann auf dieselbe Weise. In der Familie kann die Vernachlässigung der Beziehungen entweder zu Konflikten und damit zu zusätzlicher Belastung oder aber zu zunehmender Entfremdung und Rückzug und am Ende vielleicht gar zur Trennung führen.

Im Hinblick auf die außerordentlich schützende Wirkung des sozialen Netzwerks lohnt es sich deshalb wie gesagt, sich sehr genau anzuschauen, wie gut gepflegt das eigene Beziehungsgeflecht ist und ob der Umgang damit den eigenen Wünschen und Werten entspricht. Und sollten Sie feststellen, dass auch Sie die Pflege Ihrer Beziehungen vernachlässigt haben, dann überlegen Sie, welche Möglichkeiten es gibt, Ihr Netzwerk sinnvoll auszubauen, die existierenden Beziehungen zu stabilisieren oder sie vielleicht sogar dort, wo es Ihren Bedürfnissen entspricht, zu vertiefen. Damit im Fall der Fälle jemand da ist, der Sie halten und unterstützen kann.

Empathie

Nicht nur wer gute und tragfähige Beziehungen aufbauen will, braucht die Bereitschaft und die Fähigkeit zur Einfühlung in das Gegenüber. Diese Fähigkeit, die Gedanken und Gefühle des anderen wahrzunehmen, sich in ihn hineinzuversetzen und aus dieser Erfahrung heraus angemessen und mit Mitgefühl zu reagieren, hat unmittelbaren Einfluss darauf, wie sympathisch man vom Gegenüber wahrgenommen wird. Und es hat maßgeblichen Einfluss darauf, wie die Interaktion verläuft. Was bedeutet das?

Empathie ist die Fähigkeit, sich auf einen anderen Menschen, seinen emotionalen und körperlichen Zustand einzuschwingen. Sie ist also ein Resonanzphänomen, bei dem in einer Person unwillkürlich und unmittelbar eine Reaktion auf auch unbewusst wahrgenommene Emotionen und Stimmungen eines bestimmten Gegenübers entsteht: Es wird bei der Empathie etwas zum Schwingen und Erklingen gebracht, was dann ein entsprechendes Verhalten auslöst.

Die Fähigkeit zu dieser Reaktion spielt in vielen Lebensbereichen eine große Rolle, sei es privat oder beruflich, in medizinisch-therapeutischen Beziehungen oder in Wirtschaft und Politik. Wie sonst könnten wir angemessen auf den anderen reagieren? Wir könnten weder spontan das zugeworfene Lächeln erwidern noch tröstend die Arme ausbreiten. Empathie ist Voraussetzung dafür, dass Vertrauen entsteht. Sie erklärt, wieso wir so positiv darauf reagieren, wenn wir gesehen werden und den Eindruck haben, auch verstanden zu werden.

Empathie entfaltet ihre schützende Wirkung deshalb, weil Menschen, die Verständnis für andere aufbringen, eine bessere Emotionssteuerung aufweisen und oftmals auch weniger negative Emotionen haben. Außerdem erleichtert Mitgefühl mit anderen die Relativierung des eigenen Schicksals, weil es zumindest kurzfristig eine Distanzierung vom eigenen Leiden ermöglicht. Es mag oftmals eine bewusste Entscheidung notwendig sein, sich gerade in einer Lebensphase, die durch Stress oder Leiden geprägt ist, auch noch und besonders für andere

Menschen offenzuhalten. In der Entscheidung, weiterhin Interesse für den anderen aufzubringen, kann jedoch ein Schlüssel zu eigenen verborgenen Kraftressourcen liegen. Denn diese Ausrichtung auch auf andere lenkt die Gedanken, hält negatives Grübeln im Zaum und schützt vor Selbstmitleid.

Empathie ist darüber hinaus nicht nur dann von Bedeutung, wenn es darum geht, sich durch eine gewisse Selbstdistanzierung davor zu schützen, vor dem eigenen Schicksal zu kapitulieren, oder wenn es darum geht, adäquat auf einen anderen Menschen eingehen zu können, ihn angemessen wahrzunehmen oder ihm mit Respekt zu begegnen. Sie ist als Teil der Sozialkompetenz auch in all jenen Fällen von Bedeutung, in denen es darauf ankommt, auf angemessene Art und Weise die eigenen Interessen auszudrücken, Grenzen zu setzen oder Konflikte zu lösen.

Erst ein durch Empathiefähigkeit erreichter Perspektivenwechsel ermöglicht eine Gesamtschau sowohl der eigenen als auch der Interessen der anderen und auf diese Weise Konfliktlösungen, die zu echten Win-win-Lösungen und damit zu einem förderlichen Konsens führen.

Kohärenzgefühl

Warum kommen die einen mit extremer Belastung gut klar, während die anderen krank werden? Oder warum schaffen es manche, sich von Beeinträchtigungen schnell wieder zu erholen, andere nicht? Der Medizinsoziologe Aaron Antonovsky entwickelte fast parallel zu den Forschungen Emmy Werners zur Resilienz das Modell der Salutogenese: Er forschte nach Bedingungen, die Gesundheit erhalten und fördern. Auf diese Weise läutete er einen bis heute wesentlichen Perspektivenwechsel ein, nämlich weg von der Pathogenese (also der Forschung, wie körperliche und psychische Krankheiten entstehen und welche Einflussfaktoren bei ihrer Entwicklung eine Rolle spielen) hin zur Salutogenese (also der Forschung, die nach den Bedingungen sucht, unter denen Gesundheit entsteht und erhalten wird). Durch diesen Perspektivenwechsel wurde es möglich, die Vorsorge, also die Prävention von Krankheit und nicht erst den bereits Leidenden in den Vordergrund zu rücken. Das Kohärenzgefühl ist das zentrale Element des Salutogenesemodells. Es bezeichnet nach Antonovsky eine sowohl allgemeine kognitive als auch emotional-motivationale Grundhaltung einer Person, eine Art von Weltanschauung. Sie entscheidet maßgeblich darüber, wie sich jemand zu den Dingen, mit denen er im Laufe seines Lebens umzugehen hat, stellen kann und wie er sie für sich verarbeitet.

Drei Komponenten bestimmen nach Antonovsky das Kohärenzgefühl:

1. Verstehbarkeit: Damit meint er die grundsätzliche Erwartung, dass die Dinge, denen man sich im Leben stellen muss, die Herausforderungen also, einigermaßen geordnet, erklärbar, strukturiert und vorhersagbar sind und nicht Willkür, Chaos oder Zufall herrschen.

2. Das ausgeprägte Gefühl von Handhabbarkeit oder Machbarkeit. Diese Überzeugung ist umso stärker ausgeprägt, je mehr man den Eindruck hat, genügend Kompetenzen bzw. Ressourcen zur Bewältigung einer bestimmten Belastung zur Verfügung zu haben. Dabei geht es nicht nur um eigene Ressourcen: Auch die Gewissheit, dass andere Personen oder auch eine göttliche Kraft unterstützend wirken, stärkt das Gefühl der Handhabbarkeit.

3. Schließlich ist ein Gefühl von Sinnhaftigkeit und Bedeut-

samkeit wichtig. Diese dritte Komponente beschreibt, inwieweit man das Leben und die vom Leben gestellten Herausforderungen als sinnvoll erlebt, das heißt für die sich einzusetzen und in die Energie zu investieren sich lohnt. Diese letzte Dimension ist für Antonovsky die wichtigste. Auch wenn die anderen genannten Dimensionen eine hohe Ausprägung aufweisen, kann ohne diese Komponente kein insgesamt hoher Gesamtwert des Kohärenzgefühls erreicht werden.

Die Stärke und Ausprägung des Kohärenzgefühls hängt nach Antonovsky vor allem von sogenannten »generalisierten Widerstandsressourcen« ab. Diese Widerstandsressourcen speisen sich sowohl aus individuellen Ressourcen (etwa der körperlichen Konstitution, der mentalen Leistungsfähigkeit, der Verfügbarkeit von Bewältigungsstrategien verschiedener Art) als auch aus sozialen und kulturellen Faktoren, wie zum Beispiel den eigenen finanziellen Möglichkeiten oder dem Zugang zu Bildung. Damit spiegeln sich die Widerstandsressourcen Antonovskys auch in den bisher beschriebenen Resilienzfaktoren wider.

Macht jemand die Erfahrung, dass Stress bewältigt werden kann, dann entstehen Rückkoppelungseffekte, die wiederum das Kohärenzgefühl und die Widerstandsressourcen stärken. Weil es von der individuellen Stärke des Kohärenzgefühls abhängig ist, wie Stressoren verarbeitet werden, kann es sein, dass eine Person mit einem hohen Kohärenzgefühl bestimmte Reize weder als Belastung noch als spannungserzeugend wahrnimmt, während dieselben Reize bei einer Person mit niedrigem Kohärenzgefühl bereits hohen Stress auslösen. Solche unterschiedlichen Reaktionen auf Belastungen sind in Arbeitsgruppen immer wieder zu beobachten.

Dieses Kohärenzgefühl wird sich jedoch keinesfalls als eine

Art Selbstläufer sozusagen automatisch entwickeln. Es kann durchaus notwendig sein, die sehr unterschiedlichen und hoch belastenden Erfahrungen des eigenen Lebens zusammenzuführen und in einem inneren Ringen um Bedeutung und Sinn gleichsam einen gemeinsamen Nenner für die gemachten Erfahrungen zu suchen.

Was ist damit gemeint? Der von den Nationalsozialisten inhaftierte Theologe Dietrich Bonhoeffer schreibt aus dem Gefängnis:

> In früheren Zeiten hätte eins der Probleme, mit denen wir jetzt fertig zu werden haben, genügt, um uns reichlich auszufüllen. Jetzt sollen wir Krieg, Ehe, Kirche, Berufsfragen, Wohnungssorgen, Gefahr und Tod nahestehender Menschen, dazu meine gegenwärtige besondere Situation auf einen Nenner bringen. Bei den meisten Menschen gehen diese Dinge ja wohl einfach unverbunden nebeneinander her. Für den Christen und für den ›Gebildeten‹ ist das unmöglich, er läßt sich weder aufspalten noch zerreißen; der gemeinsame Nenner muß sich sowohl gedanklich wie in der persönlichen einheitlichen Lebenshaltung finden lassen. Wer sich von den Ereignissen und Fragen zerreißen läßt, hat die Probe für Gegenwart und Zukunft nicht bestanden.
>
> (Brief an E. Bethge vom 29./30.1.1944.)

Wenn es gelingt, für die Erfahrungen den gemeinsamen Nenner zu finden und ihnen damit einen tieferen Sinn und Bedeutung zu geben, dann können sie zur Kraftquelle werden gegen die äußeren und inneren Bedrohungen, denen jemand im Leiden ausgesetzt ist.

Wofür leben Sie? Gibt es in Ihrem Leben etwas, das Ihnen einen tieferen, über Sie selbst hinausreichenden Sinn und eine Bedeutung gibt? Gibt es für Sie etwas, für das es sich lohnt, sich zu engagieren und Energie zu investieren, etwas, das Sie einbindet in ein größeres Ganzes?

> Sinn kann nicht gegeben, sondern muss gefunden werden.
> (Viktor Frankl)

Eine solch grundsätzliche Frage nach Sinn stellt sich natürlich nicht jeden Tag. Eher unreflektiert erleben wir normalerweise den Alltag dann als sinnvoll, wenn sich die Dinge für uns so fügen, wie wir sie erwartet haben, wenn alles also seinen Gang geht, wenn wir nicht in Frage gestellt werden. Deshalb stellt sich die Frage nach dem Sinn des Lebens den meisten von uns in der Regel nicht, solange die eigene Lebensführung nicht fragwürdig wird.

Wichtig wird sie dann, wenn es zu existentiellen Sinnkrisen kommt, wenn Ereignisse nicht mehr in das vorhandene Sinnkonzept integriert werden können: zum Beispiel durch Enttäuschungen, Unglücke oder die Anforderungen, die ein neuer Lebensabschnitt stellt. Ob und wie diese Fragen nach dem Sinn des eigenen Lebens beantwortet werden können, hat Auswirkungen darauf, wie mit diesen Krisenerfahrungen umgegangen wird, wie schnell man sich von ihnen erholt, ob man sie als lösbare Aufgaben erkennen kann, die das Leben an einen stellt, kurz: ob man zu einer Einstellung findet, die es ermöglicht, auf konstruktive Weise mit der Belastung umzugehen. Denn wer in eine Sinnkrise gerät und solche Fragen völlig ausblendet bzw. keine Antwort auf sie findet, ist eher gefährdet, an einer Depression oder Angststörung zu erkranken, greift eher zu Drogen und hat ein erhöhtes Suizidrisiko.

Die Sinnfrage ermutigt dazu und hilft dabei, sein Leben in einen größeren Zusammenhang zu stellen. Es geht darum, ein Verständnis für das, was geschieht, zu gewinnen. Es geht darum, einen Platz für sich zu finden.

Dass das Bedürfnis nach Sinn den Menschen seit jeher prägt, wird an den Weltanschauungssystemen deutlich, die er auf der Suche nach dem größeren Zusammenhang des Lebens geschaffen hat. Religionen bieten einen Bezugsrahmen an, in dem Menschen sich verorten und ihren Sinn erkennen können. Auch aktuelle Studien kommen immer wieder zu dem Ergebnis, dass Menschen mit einer ausgeprägten und aktiv gelebten Spiritualität für die Verarbeitung kritischer Lebensereignisse oder zur Bewältigung hoher Stressbelastungen eine wertvolle Ressource zur Verfügung haben: Diese hilft ihnen, mit entsprechenden Belastungen so umzugehen, dass Lebenszufriedenheit und Hoffnung erhalten bleiben.

Aber auch jenseits spiritueller Praxis lässt sich Sinn finden und gibt es Werte, die zur Lebenszufriedenheit beitragen:

Bei der Frage nach den Werten, die zur Sinnfindung und zur Lebenszufriedenheit beitragen, unterscheidet die Psychologie zwischen sogenannten hedonistischen und eudämonistischen Werten. Während der auf den griechischen Philosophen Aristippos zurückgehende Hedonismus den momentanen Genuss, das Glück und die Lust als zentrale Ziele des Lebens betrachtet, verbindet der durch Aristoteles beeinflusste Eudämonismus das gute und sinnvolle Leben mit Werten der Tugend. Sind für das hedonistische Glück daher kurzfristiger Erfolg, Besitz, Status, Image und Konsum eher von Bedeutung, so geht es beim eudämonistischen Lebenssinn mehr um langfristige Dinge, die das Leben wert- und sinnvoll machen und zu denen vor allem gehören: der Zusammenhalt in der Familie oder überhaupt Beziehungen, der Einsatz für die Erreichung bestimmter Ziele im Beruf oder für die Gemeinschaft, in der man lebt und die man mitgestaltet, die Unterstützung Benachteiligter, der Kampf um Gerechtigkeit oder der Einsatz für den Schutz unserer natürlichen Umwelt. Tragfähig erweisen sich in Krisensituationen vor allem die eudämonistischen Werte, weil besonders sie Energie und Kraft geben, um durch die Krise hindurchzugehen.

Wie existentiell bedeutsam bei der Bewältigung schwierigster Schicksale die Fähigkeit ist, Sinn zu finden, wird durch Viktor Frankl ins Bewusstsein gerückt. Er wurde 1942 als junger jüdischer Arzt und Psychiater ins Konzentrationslager deportiert. Seine Eltern und seine Frau wurden in den Vernichtungslagern ermordet. Er hatte es sich zur Aufgabe gemacht, das Lager zu überleben und seinen Studenten von seinen Erfahrungen zu berichten. In seinem Buch *… trotzdem Ja zum Leben sagen. Ein Psychologe erlebt das Konzentrationslager* beschreibt er sowohl seinen inneren Prozess als auch das, was er bei seinen Mitinsassen beobachtet hat, und stellt fest, dass diejenigen, die in der Lage waren, sich ein langfristiges Ziel zu setzen und eine Vision davon zu entwickeln, wofür es sich weiterzuleben lohnte, höhere Überlebenschancen hatten als diejenigen, die die Hoffnung aufgegeben oder sich aber unrealistische Ziele gesetzt hatten.

Frankls Beobachtungen machen deutlich, was auch anderweitig in der Sinnforschung betont wird: Lebenssinn ist nicht gleichzusetzen mit momentan empfundenem Glück. Sinn kann vielmehr selbst in den dunkelsten Stunden einer Krise gesucht und gefunden werden.

Dies zeigt sich zum Beispiel auch in Studien zur posttraumatischen Reifung des Psychologen und Traumaforschers Stephen Joseph. Er beschreibt, wie Menschen sich durch die Bewältigung ihres Traumas als verwandelt erfuhren. Das Trauma ermöglichte »die Wahrnehmung neuer innerer Stärken und den Erwerb größerer Weisheit oder ausgeprägteren Mitgefühls«. Die Konfrontation mit einer lebensbedrohlichen Situation oder die Diagnose einer lebensbedrohlichen Krankheit kann aus der Lethargie des Alltags herausreißen, kann sensibel machen für das, was wirklich wichtig ist, für jene Ziele, die man im Leben eigentlich verfolgen will. Sie führt oftmals nicht nur dazu, dass sich der Betroffene persönlich verändert, sondern auch dazu, dass er seine Lebensziele oder die Beziehungen, in denen er lebt, neu definiert und sich neu orientiert.

Auch die von dem Theologen und Philosophen Clemens Sedmak »epistemische Resilienz« genannte »Widerstandskraft, die sich aus dem Inneren speist«, hat engen Bezug zum Sinnerleben. Er beschreibt an Beispielen aus der Literatur-, Philosophie- und Theologiegeschichte, wie sich gerade in extremen Ausnahmesituationen, wie zum Beispiel der Inhaftierung Bonhoeffers oder auch Václav Havels, Resilienz entwickeln und stärken kann. Sie bildet sich »aufgrund von Orientierung; sie ist Kraft zum Guten durch epistemische Ressourcen wie Bildung, Sinn, Hoffnung und durch epistemische Grundakte wie Denken, Glauben, Erinnern« (S. 2). Der Rückgriff auf Bildung ermöglicht es, die großen Lebensfragen des Woher, Wohin, Warum und Wie zu beantworten. Sie stiftet auf diese Weise resilienzfördernde Orientierung und erlaubt einer Person, trotz der Widrigkeiten und in ihnen zu wachsen.

In diesem Kontext wird dann auch der häufig im Rahmen von Abhandlungen zur Resilienz genannte Begriff der Disziplin wichtig, etwa, wenn es darum geht, trotz äußerer Enge oder auch Repressionen an einer festen Strukturierung des Tages oder der Erreichung der gesetzten Ziele festzuhalten. Außerdem geht es darum, durch Disziplinierung der eigenen Gedanken die Widerstandskraft zu stärken. Eindrücklich zeigt Sedmak an vielen Beispielen auf, was auch in weniger bedrohlichen Lebenssituationen zu beobachten ist: Resignation, Selbstvergessenheit oder auch Verbitterung schwächen die Widerstandskraft und enden oft in Selbstaufgabe. Der Rückgriff auf philosophische und geistliche Quellen, die Orientierung bieten und Werkzeuge zur Verfügung stellen, kann im Gegensatz dazu dabei helfen, mit dem je individuellen Leiden umzugehen und es in einen größeren Zusammenhang einzuordnen.

Selbstwertgefühl

»Ich kann das nicht!«, »Ich tauge zu nichts!«, »Ich trau mir das nicht zu!«, »Ich bin es nicht wert!«, »Ich bin ein Looser!« und Variationen dieser Sätze höre ich immer wieder. Und die Wurzeln dieser Sätze finden sich dann in verkümmerten oder auch erniedrigten Selbstwertgefühlen und negativen Selbstbildern. Oft stellt sich heraus, dass jemand von klein auf gehört hat, dass er nichts kann und zu nichts taugt: Wie sollte er dann auch etwas anderes von sich glauben können? Macht man später oft die Erfahrung, dass man nicht dazugehört, dass man anders ist oder etwas nicht richtig macht, geht irgendwann die Kraft zu Ende, sich innerlich dagegen zu stemmen, und man fängt an, sich selbst in Frage zu stellen und das negative Bild, das andere scheinbar von einem haben, zu übernehmen. Ich erlebe aber auch, dass Menschen ihr Selbstwertgefühl und ihr

Selbstvertrauen dadurch gefährden, dass sie sich ständig mit anderen vergleichen. Dabei suchen sie sich dann fatalerweise Personen als Vergleichsobjekte heraus, gegenüber denen sie selbst inkompetenter, unterdurchschnittlicher, auf jeden Fall aber begrenzter oder defizitär erscheinen. Die eigenen Stärken werden dann nicht mehr gesehen, ebenso wenig die Schwächen der anderen Person.

> Das Vergleichen ist das Ende des Glücks
> und der Anfang der Unzufriedenheit.
> (Søren Aabye Kierkegaard)

Erstaunlicherweise findet sich ein hohes Selbstwertgefühl nur selten in den Listen der für die Resilienz maßgeblichen psychologischen Konzepte. Aus meiner Sicht ist aber eine stabile positive Selbstbewertung die Basis, auf der alle anderen Faktoren aufbauen. Studien zeigen, dass Menschen mit einem instabilen Selbstwertgefühl ein höheres Risiko haben, an einer Depression zu erkranken, und auch wesentlich stärker und verletzlicher auf negative Ereignisse reagieren. Schon bei geringem Stresslevel erleben solche Personen eine stärkere negative Verstimmung. Da sie außerdem bei negativem Feedback häufiger zu Selbstabwertungen neigen, geraten sie schnell in einen Teufelskreis, in dem sie ihre Person immer mehr in Frage stellen: Ein negatives Feedback zieht ein noch negativeres Feedback nach sich usw.

Das Selbst umfasst verschiedene Aspekte: Da ist zum einen das durch Selbstaufmerksamkeit und -wahrnehmung erworbene Wissen um die eigene Person, also im wahrsten Sinne des Wortes das »Selbst-Bild«. Hinzu kommt dann zweitens das Wissen über sich selbst, das durch soziale Interaktion erworben und durch das von anderen gegebene Feedback gewonnen wird. Durch dieses Fremdbild wird das Selbstbild ergänzt oder auch korrigiert, auf jeden Fall aber gibt es dazu Anlass, es erneut zu reflektieren.

Theorien über das Selbst unterscheiden zudem zwischen dem Selbstkonzept als einer Beschreibung der eigenen Identität und des subjektiven Bildes, das man aus diesen Komponenten entwickelt hat, und der subjektiven Bewertung dieses Bildes, dem Selbstwertgefühl. Die Höhe des Selbstwerts bemisst sich zum einen aus dem Verhältnis zwischen den Ansprüchen, die man an sich selbst stellt, und der Wahrnehmung der eigenen Kompetenzen bzw. auch aus der Anerkennung, die man von anderen erhält. Zum anderen ist das Selbstwertgefühl in hohem Maße beeinflusst von Erfahrungen der Effizienz des eigenen Handelns sowie von Wünschen und Erwartungen, Werten, Haltungen oder auch Normsystemen.

Grundsätzlich spielt der Selbstwert eine maßgebliche Rolle, wenn es darum geht, die eigene Persönlichkeit und das eigene Handeln zu verstehen. Kognitionen, Emotionen, Motivation und soziale Interaktionen sind wesentlich mitbestimmt von der Ausprägung von Selbstwert und Selbstvertrauen.

Menschen mit hohem Selbstwertgefühl beschreiben sich selbst als positiv und kompetent, solche mit niedrigem Selbstwert haben ein eher kritisches und negatives Selbstbild; sie laufen schnell Gefahr, sich auf ihre Schwächen zu konzentrieren und damit in den erwähnten Teufelskreis der Selbstabwertung zu geraten. In der Praxis stellt ein instabiles oder aber durch vielfältige negative Rückmeldungen angegriffenes Selbstwertgefühl deshalb ein gravierendes Hindernis bei der Stärkung von Resilienz dar.

So kann es passieren, dass eine Person mit an sich sehr gut ausgebildeten Fähigkeiten aufgrund ihres geringen Selbstwertgefühls und mangelnden Zutrauens zu sich selbst ihre Kompetenzen nicht zeigt. Zusätzlich zur damit mittelbar zum Ausdruck gebrachten Selbstabwertung wird sie unter Umständen von anderen als wenig kompetent oder unsicher wahrgenommen werden, was wiederum dazu führt, dass die Bestätigung von außen ausbleibt. Aufgrund der wechselseitigen Beeinflussung von Selbstwert und Kompetenz bzw. Erfolgserwartung kann daraus in letzter Konsequenz ein Verlust von Fähigkeit resultieren.

Woraus aber nährt sich das Selbstwertgefühl, und wie kann es aufgebaut und stabilisiert werden?

Entsprechend dem Modell von Friederike Potreck-Rose und Gitta Jacob ruht der Selbstwert auf den vier Säulen Selbstakzeptanz, Selbstvertrauen, soziale Kompetenz und soziales Netz.

1. Selbstakzeptanz beschreibt im Wesentlichen die positive Einstellung zu sich selbst. Es geht um die Zufriedenheit und das Einverständnis mit der eigenen Person, um die Fähigkeit, sich selbst wertschätzen zu können und sich mit sich selbst, mit den und trotz der eigenen Ecken und Kanten, wohl zu fühlen. Selbstakzeptanz bedeutet also, sich anzunehmen, wie man ist, mit allen Stärken und Schwächen, mit seinem Aussehen, seinen Bedürfnissen und Grenzen.

2. Selbstvertrauen gründet sich in einer positiven Einstellung gegenüber den eigenen Fähigkeiten und Leistungen sowie gegenüber dem eigenen Können und den damit erzielten Ergebnissen. Und natürlich spielt die Wechselwirkung zwischen Kompetenz bzw. Erfolgserlebnissen und Selbstvertrauen auch beim Aufbau desselben eine große Rolle. Die Folgen

sind klar: je mehr Erfolg, desto mehr Selbstvertrauen. Umgekehrt gilt: je mehr Selbstvertrauen vorhanden ist, desto eher wird Kompetenz gezeigt.

3. Soziale Kompetenz beschreiben die Autorinnen als »das Erleben von Kontaktfähigkeit«. Sie ordnen dem die vielfältigen Fähigkeiten zu, die den Umgang mit anderen Menschen erfolgreich und befriedigend machen, und zwar unabhängig davon, ob es um die Gestaltung von Nähe und Distanz oder um den Umgang mit schwierigen Situationen geht. Sozial kompetent ist jemand, der flexibel reagieren und sich an Menschen und Situationen angemessen anpassen kann. Dazu gehören natürlich auch Fähigkeiten, sich abzugrenzen und Grenzziehungen anderer zuzulassen und zu respektieren.

4. Weil aber die Kontaktfähigkeit nicht gleichzusetzen ist mit einer guten sozialen Einbindung, verweisen Potreck-Rose und Jacob mit der ihr Konzept abschließenden vierten Säule auf das für den Selbstwert ebenso wichtige soziale Netz. Es geht hier darum, etwa in Partnerschaft, Familie, Freundes- und Kollegenkreis oder auch in lose Bekanntschaften real eingebunden zu sein. Dabei spielt nicht nur die Quantität, sondern vor allem die Qualität der Beziehungen (das heißt ihre Verlässlichkeit oder die Bedeutung, die man für andere hat) eine große Rolle.

Es gibt unterschiedliche Ansatzpunkte und Strategien, um das Selbstwertgefühl zu stabilisieren und zu steigern:

Vorausgesetzt, dass der Selbstwert, wie viele Studien nahelegen, tatsächlich ein Ergebnis von Vergleichsprozessen darstellt, kann zunächst überprüft werden, welche Vergleichsobjekte und -dimensionen jemand gewählt hat und ob diese Vergleichsprozesse eher stabilisierend oder selbstwertschädigend sind. Gerade die Dimension der Selbstakzeptanz kann durch schlechte oder wenig hilfreiche, dysfunktionale Vergleiche geschwächt, durch günstige Vergleiche aber gefestigt werden.

Falls es darum geht, den Selbstwert durch bestimmte Leistungen und Erfolge zu steigern und damit auch mehr Selbstvertrauen aufzubauen, kann es hilfreich sein, sich noch mehr anzustrengen, um das erträumte Ziel zu erreichen. Vielleicht ist eine Person aber auch bereits an ihrer Leistungsgrenze angelangt. Besonders dann, wenn es um die Bewältigung von Krisen geht, ist das ja häufig der Fall. Dann ist es natürlich sinnvoller, die Ansprüche an sich selbst, die internalisierten Verhaltensnormen und Gebote zu hinterfragen und stärker selbstfürsorgliche und selbstwertschätzende Haltungen einzuüben.

Manchmal braucht es auch Humor

Im Zusammenhang mit Resilienz geht es darum, belastende Situationen so zu bewältigen, dass man nicht an ihnen zerbricht: Es geht dabei immer auch um eine innere Distanzierung. Und was könnte hier hilfreicher sein als Humor und Lachen? Situationsbedingt mag es wie Galgenhumor wirken, doch ist es eben durchaus nützlich, neben der Tragik auch jene Komik zu erkennen, die in einer Situation verborgen liegt. Es stimmt: »Lachen ist die beste Medizin«, nicht nur im Krankenhaus, wo ein Clown therapieunterstützend wirken kann, sondern auch im Umgang mit Stress.

Wieder ein Beispiel: In einem Seminar begegnete mir eine Führungskraft mit anspruchsvollem Aufgabengebiet. Sie war verheiratet und hatte zwei Kinder. Bei der Stressanalyse erzählte sie von dem täglich wiederkehrenden Druck, der entsteht, wenn sie ihre Kinder von der Schule bzw. vom Hort abholt. Sie wolle dann »qualifizierte« Zeit mit ihren Kindern verbringen. Die aber stritten häufig schon während der Heimfahrt. Ich fragte nach, wie sich Zeit ihrer Ansicht nach qualifizieren lassen würde und welchen Kriterienkatalog sie im Kopf habe, der erfüllt sein müsste, damit die Zeit mit ihren Kindern in ihren Augen qualifiziert genug sei? Ich gebe zu, ich überzog es ein wenig ... Es dauerte jedoch nicht lange, bis wir angefangen haben, über die ewige Qualifizierung der Zeit zu lachen. Dieses Lachen schuf Distanz zum perfektionistischen Anspruch, der sie vorher so unter Druck gesetzt hatte. Heute holt sie ihre Kinder ab und übt sich in Gelassenheit, bis diese ihre über den Tag in Schule und Hort angesammelte Anspannung abreagiert haben. Im Anschluss genießen sie die gemeinsame Zeit – unabhängig von qualifizierenden Ansprüchen.

Lachen und Humor helfen also, Stress zu reduzieren. Während wir lachen, werden Endorphine bzw. Glückshormone ausgeschüttet. Gleichzeitig baut der Körper Stresshormone schneller ab. Dabei, so zeigen Untersuchungen, spielt es keine Rolle, ob unser Lachen echt ist. Es reicht auch aus, »so zu tun als ob«, dem Gehirn also ein Lachen vorzugaukeln, um diese physiologischen Prozesse in Gang zu setzen. Deshalb wirkt Lachyoga – oder auch nur ein Stift quer im Mund, der die Muskulatur in ein Lächeln zwingt.

Lachen und Humor haben wiederum Einfluss auf andere Resilienzfaktoren. Lachen schafft positive Emotionen, wirkt stimmungsaufhellend und hat zudem nachgewiesenerweise positiven Einfluss auch auf das Selbstwertgefühl – und es tut auch anderen gut; wer lacht, wirkt sympathischer usw.

… oder was sonst noch schützend wirkt

> Allein das Feuer der Liebe erlöst alles, aber um das Feuer zu entzünden und am Leben zu erhalten, musst du lachen – und weinen, tanzen, singen und deiner Furcht begegnen.
> (Luise Reddemann)

Eingangs hatte ich erwähnt, dass ich aus meiner Praxis heraus eine Differenzierung und damit eine Bewertung der schützenden und stärkenden Faktoren als echt oder unecht nicht hilfreich finde. Menschen erleben sich nach meiner Erfahrung immer dann als resilient, wenn sie in sich oder auch in ihrer Umwelt Ressourcen finden, die ihnen helfen, ein erlebtes Trauma, einen Schicksalsschlag, eine Krisensituation oder aber auch den ganz normalen alltäglichen Stress leichter zu ertragen oder zu überwinden. Für viele sind die bisher beschriebenen Faktoren Schlüssel zu mehr innerer Stabilität und zu Wachstum. Da der positive Einfluss all dieser Faktoren auf Gesundheit und Krisenbewältigung zudem in vielerlei Studien nachgewiesen wurde, möchte ich dazu ermutigen, sich mit ihnen auseinanderzusetzen und für sich und die Stärkung der eigenen Resilienz fruchtbar zu machen. Ich bin davon überzeugt, dass vieles Ihnen schon bekannt vorkam und Sie sich die mit dem jeweiligen Resilienzfaktor verbundene Kompetenz vielleicht einfach nur wieder etwas bewusster machen müssen: Denn auch Ressourcen müssen manchmal aus der Versenkung geholt und abgestaubt werden, damit man sie im Alltag wieder einsetzen kann.

Unter anderem aus der Traumaforschung weiß man, dass es noch viel mehr Ressourcen gibt, die im Prozess der Verarbeitung oder bei der Bewältigung von Stress unterstützend wirken können. Frage ich in meinen Seminaren danach, welche Methoden meine Teilnehmer und Teilnehmerinnen einsetzen, um ihre Belastungen zu ertragen oder Ausgleich zu finden, ergibt sich meist ein bunter Strauß an Bewältigungsmöglichkeiten: Diese reichen vom Eintauchen in die Natur über Sport bis hin zu klassischen Entspannungsmethoden. Einige können sich beim Gärtnern völlig von ihren Sorgen lösen, andere tauchen in kreative Prozesse ein, in Bücher oder Musik, und können so komplett abschalten und zur Ruhe kommen. Letztlich geht es darum, jede Ressource und hilfreiche Form der Bewältigung und Verarbeitung zu würdigen und zu stärken. Vielleicht ermöglicht erst die Würdigung dieser (noch?) nicht durch Studien abgesicherten Wege zu mehr Widerstandskraft auch eine Offenheit dafür, sich anderen Möglichkeiten zuzuwenden? Vielleicht sind gerade diese anderen Möglichkeiten das Tor zu unserer inneren Weisheit und zu den anderen Kräften, die in uns wirken und zum Leben erweckt werden wollen, um uns in den Stürmen des Lebens zu schützen?

Wege zur Resilienz

Wer die eigene Resilienz steigern will, um widerstandsfähiger und kompetenter im Umgang mit Stressoren, Krisen und Schicksalsschlägen zu werden, der sollte an dem einen oder anderen oder auch an mehreren der beschriebenen Resilienzfaktoren arbeiten. Hierfür gibt es mehrere Wege.

Man wird zum Beispiel seine Denkgewohnheiten, Haltungen und Einstellungen hinterfragen und sich mit den eigenen Wertvorstellungen und Perspektiven auseinanderzusetzen haben. Machen wir uns aber nichts vor: Das ist keine Sache eines zweitägigen Trainings, sondern – so scheint mir – eine Lebensaufgabe. Wie dringend oder ob es überhaupt geboten ist, sich dieser Aufgabe zu stellen, hängt dabei immer auch von der Person und ihrer Lebenssituation ab.

Oft ist uns aber gar nicht bewusst, welche Gedanken oder Gefühle, welche Widerstände oder Einstellungen in uns wirksam sind und wie sie auf schädigende, dysfunktionale Weise den an sich unerwünschten Zustand aufrechterhalten. Ein erster Schritt zur mehr Resilienz besteht deshalb darin, sich zunächst bewusst zu werden, was ist, und sich dabei ganz auf den gegenwärtigen Moment zu konzentrieren.

> Mein sind die Jahre nicht,
> Die mir die Zeit genommen;
> Mein sind die Jahre nicht,
> Die etwa möchten kommen;
> Der Augenblick ist mein,
> Und nehm ich den in Acht
> So ist der mein,
> Der Jahr und Ewigkeit gemacht.
> (Andreas Gryphius)

Kennen Sie das? Sie sind mit Ihren Gedanken so sehr in etwas gefangen, das entweder in der Vergangenheit oder auch in der Zukunft liegt, dass Sie gar nicht mehr wahrnehmen können, was jetzt im Moment gerade passiert? Ihre Gedanken gehen spazieren und verlieren sich in Erinnerungen, Tagträumen oder Grübeleien? Ihr Denken und Ihre Gefühle führen ein Eigenleben und beeinflussen nachhaltig Ihre Stimmung?

Häufig werden wir derartig beherrscht von den Anforderungen unseres Alltags, dass wir gar nicht mehr merken, welche Auswirkungen es auf unser Denken, unser Fühlen und unseren Körper hat, wenn wir uns so völlig vom Außen in Anspruch nehmen lassen. Wir spüren uns nicht mehr, spüren weder unsere Bedürfnisse noch unsere Grenzen.

Für ein Training der Resilienz sind deshalb Übungen der Achtsamkeit ein guter Einstieg. Zum einen haben sie an sich schon gesundheitsförderliche und stressreduzierende Wirkung. Zum anderen ermöglichen sie den Zugang zu den meisten der für die Resilienz maßgeblichen Faktoren und deren Förderung. Denn diese Resilienzfaktoren betreffen ja gerade jene inneren Prozesse, die oftmals und in großem Maße auf unbewusster Ebene und völlig automatisiert ablaufen – gerade und vor allem in Krisen und in Stresssituationen, bei denen

Weisheitstexte unterschiedlicher Denkrichtungen und Kulturkreise bringen das Bedürfnis nach einer solchen nach innen gerichteten Suche zum Ausdruck. Gemeinsam ist ihnen, dass sie das Augenmerk auf einen jenseits des Erwarteten liegenden Bezugspunkt lenken und sich ihr Sinn oftmals erst in der Reflexion erschließt, die wiederum unterschiedliche Ergebnisse zeitigen kann.

Ein Beispiel aus dem Umfeld des Zenbuddhismus:

Es kamen einmal ein paar Suchende zu einem alten Zenmeister. »Meister«, fragte einer von ihnen, »was tust du, um glücklich und zufrieden zu sein? Wir wären auch gerne so glücklich wie du.« Der Alte antwortete mit mildem Lächeln: »Wenn ich liege, dann liege ich. Wenn ich aufstehe, dann stehe ich auf. Wenn ich gehe, dann gehe ich, und wenn ich esse, dann esse ich.« Die Fragenden schauten etwas betreten in die Runde. Einer platzte heraus: »Bitte, treibe keinen Spott mit uns. Was du sagst, tun wir auch. Wir schlafen, essen und gehen. Aber wir sind nicht glücklich. Was ist also dein Geheimnis?« Es kam die gleiche Antwort: »Wenn ich liege, dann liege ich. Wenn ich aufstehe, dann stehe ich auf. Wenn ich gehe, dann gehe ich, und wenn ich esse, dann esse ich.« Die Unruhe und den Unmut der Suchenden betrachtend, fügte der Meister nach einer Weile hinzu: »Sicher liegt auch ihr und ihr geht auch und ihr esst. Aber während ihr liegt, denkt ihr schon ans Aufstehen. Während ihr aufsteht, überlegt ihr, wohin ihr geht, und während ihr geht, fragt ihr euch, was ihr essen werdet. So sind eure Gedanken ständig woanders und nicht da, wo ihr gerade seid. In dem Schnittpunkt zwischen

Vergangenheit und Zukunft findet das eigentliche Leben statt. Lasst euch auf diesen nicht messbaren Augenblick ganz ein und ihr habt die Chance, wirklich glücklich und zufrieden zu sein.«

unser Gehirn auf instinktive Reaktionsprogramme umschaltet, um das Überleben zu sichern. Die dann ablaufenden Reaktionen gleichen den unachtsamen Reaktionen im Autopilot-Modus. Sie sind im Normalfall nicht hilfreich, sondern erhalten ganz im Gegenteil die Krise eher aufrecht.

Achtsamkeit hilft, die durch die Stressreaktion entstehenden Teufelskreise zu durchbrechen und wieder Zugang zu den unbewussten Prozessen zu bekommen. Denn sie trainiert eine nicht wertende Aufmerksamkeit für die im Augenblick vorhandenen Gedanken, Gefühle und auch Körperreaktionen. Erst durch dieses Bewusstwerden bekommen wir wieder die Möglichkeit, die eigenen Reaktionsweisen und -möglichkeiten zu verändern und zu erweitern.

Achtsamkeit, so beschreibt es Jon Kabat-Zinn, ist die nicht wertende Ausrichtung des Geistes und der Aufmerksamkeit auf das Hier und Jetzt, das Spüren und Gewahrwerden dessen, was in diesem Moment, in diesem Augenblick *ist.* Achtsam zu sein bedeutet, sich nicht im Tun zu verlieren, sondern sich in einen Zustand des konzentrierten aufmerksamen Seins zu bringen.

Was hier als Methode in therapeutische Kontexte eingeflossen ist, ist eigentlich eine Übung, die seit Jahrtausenden in unterschiedlichen religiösen Traditionen gepflegt wird. Die heute zumeist trainierte Form der von Kabat-Zinn entwickelten MBSR (Mindfullness-Based Stress Reduction) geht zurück auf buddhistische Praktiken. Doch auch im Westen kennt man aus

Achtsamkeitsübung

Nehmen Sie sich 15 Minuten Zeit an einem ungestörten Ort. Sie können bei dieser Übung sitzen oder liegen. Hilfreich ist es, die Augen zu schließen, um durch äußere Reize weniger abgelenkt zu werden. Konzentrieren Sie nun Ihr Bewusstsein und lenken Sie für drei Minuten Ihre ganze Aufmerksamkeit auf den Atem. Spüren Sie, wie Ihr Körper von sich aus ein- und ausatmet. Sie müssen den Atem nicht verändern, nur beobachten.

Dann richten Sie für ca. drei Minuten die Aufmerksamkeit auf das Denken und beobachten, welche Gedanken Ihnen durch den Kopf gehen. Sie müssen die Gedanken nicht festhalten. Lassen Sie sie einfach ziehen und beobachten Sie Ihr Denken.

Als Nächstes richten Sie für weitere ca. drei Minuten Ihre Aufmerksamkeit auf Ihre Gefühle. Was für Gefühlsregungen können Sie entdecken? Benennen Sie sie, ohne ihre Ursache ergründen zu wollen.

Anschließend konzentrieren Sie sich für ca. drei Minuten auf Ihren Körper, indem Sie die Aufmerksamkeit von den Zehen bis zum Scheitel wandern lassen und spüren, was ist, und akzeptieren, was ist.

Schließen Sie die Übung ab, indem Sie nochmals für drei Minuten die Aufmerksamkeit auf den Atem richten.

Versuchen Sie, diese Übung täglich zu wiederholen. Achtsamkeit braucht Training. Am Anfang werden Sie feststellen, dass Sie sehr schnell durch irgendwelche Gedanken abgelenkt sind, das ist völlig normal, verurteilen Sie sich nicht dafür, sondern beglückwünschen Sie sich, dass Sie bemerkt haben, dass Sie abgeschweift sind, und kehren Sie dann in die Übung zurück.

seiner klösterlichen Tradition heraus Exerzitien, die in gleicher Weise darauf zielen, Präsenz, Demut, Akzeptanz oder auch Gelassenheit einzuüben. Achtsam zu sein kann deshalb als eine Form der Bewusstseinserweiterung verstanden werden. In der Übung der Achtsamkeit erschließen sich Tiefendimensionen des Seins. Und dabei können die im Menschen verborgenen Ressourcen zum Vorschein kommen.

Wer achtsam ist, bekommt die Möglichkeit, sich selbst zu begegnen und seine Kräfte und Potentiale zu wecken. Auch Stolpersteine und Hindernisse, die man sich selbst in den Weg legt, werden leichter erkannt. Denn erst im achtsamen Sein, im Innehalten und im aufmerksamen Wahrnehmen, kann all das, was an emotionalen Regungen, an hilfreichen oder auch weniger hilfreichen Gedanken oder an körperlichen Spannungen da ist, überhaupt erst wahrgenommen werden. Abseits dieses Innehaltens verausgaben wir uns meist im endlosen Strom des Tätigseins, lassen uns treiben von inneren und äußeren Gedanken und Zwängen, manchmal ohne uns darüber bewusst zu werden, inwiefern dieses Tun überhaupt unseren Bedürfnissen, unserem Willen oder unseren Zielen entspricht. In der Einübung von Achtsamkeit kommt unser Geist zur Ruhe, und wir bekommen Zugang zu einem über unser Denken hinausgehenden Wissen um uns selbst.

Love it – change it – or leave it

»Love it – change it – or leave it« ist die Kurzformel einer Interventionsmethode aus dem Coaching.

Manchmal fühlen wir uns ohnmächtig in unseren jeweiligen Lebens- oder Arbeitssituationen gefangen, eingeengt durch vielfältige Regelungen, gehetzt durch Termindruck, oder wir fühlen uns ganz generell vom Schicksal benachteiligt. Oft sind wir der Meinung, die Kollegen, der Vorgesetzte, die Kommune oder eben das genannte Schicksal seien schuld daran, dass es uns so geht, wie es uns geht.

> Man (kann) dem Menschen ... alles nehmen, nur nicht: die letzte menschliche Freiheit, sich zu den gegebenen Verhältnissen so oder so einzustellen.
> (Viktor Frankl)

»Love it – change it – or leave it« provoziert an dieser Stelle einen Perspektivenwechsel und die innere Auseinandersetzung mit den in einer Situation gegebenen Optionen. Die Formel verweist auf die Freiheit zu entscheiden und auf die Selbstverantwortung, mit dieser Situation so umzugehen, dass wir nicht unnötig an ihr leiden. Ihre Anwendung stärkt dabei in hohem Maße das Selbstwirksamkeitsgefühl. Das »unnötig« ist mir in diesem Zusammenhang wichtig: Es gibt Situationen, die echtes Leiden verursachen. Und es wäre zynisch, dieses Leiden nicht anzuerkennen. Aber wie nicht nur das Schicksal Viktor Frankls, sondern zum Beispiel auch das Dietrich Bonhoeffers, Václav Havels und vieler anderer gezeigt hat, gibt es auch in den schmerzhaftesten Stunden eines Lebens die Möglichkeit und die innere Freiheit, sich nicht selbst zum ausschließlichen Opfer zu machen. Was aber meint diese Formel? Wie ist sie umzusetzen?

Love it! – Es ist, wie es ist: Akzeptanz einüben

Ein hilfreicher Schritt im Umgang mit belastenden Situationen kann darin bestehen, das anzunehmen, was ist. Wie häufig kommt es vor, dass wir uns den Weg zur Veränderung dadurch verbauen, dass wir die Realität, wie sie ist, ablehnen? Diese Ablehnung mündet oft in negative Selbstgespräche und Grübeleien, die dann wiederum in negativen Gefühlen und in einen inneren, manchmal auch einen äußeren kräftezehrenden Kampf münden.

Akzeptanz als eine emotionsregulierende Bewältigungsstrategie besteht also darin, zunächst das anzunehmen, was ist. Oft wird dann eine Neubewertung der Situation oder auch der inneren Wirklichkeit möglich. Wieder ein Beispiel: Stellen Sie sich vor, dass Sie zu einem Termin müssen und in einen Stau geraten. Die erste emotionale Reaktion ist häufig Ärger (eine Emotion, die uns darüber informiert, dass unser Ziel, in diesem Fall Pünktlichkeit, gefährdet ist), und zwar Ärger entweder über die anderen Autofahrer, die gerade jetzt auch noch auf der Straße sein müssen und sie verstopfen, oder aber Ärger über uns selbst, weil wir schon wieder zu wenig Pufferzeit eingeplant haben. Durch Ihren Ärger verändert sich die Situation jedoch überhaupt nicht bzw. wenn, dann sicher eher im negativen Sinne, weil Sie vielleicht vor lauter Ärger unkonzentriert werden und auf Ihren Vordermann auffahren. Ihre innere Wirklichkeit kann sich nur dadurch verändern, dass Sie Ihres Ärgers gewahr werden (Achtsamkeit!) und sich bewusst dafür entscheiden, die Situation, die Sie ja nun einmal nicht verändern können, anzunehmen und zu akzeptieren. Wer weiß, wozu Sie die jetzt zur Verfügung stehende Zeit nutzen können, wenn Sie sie sich nicht durch Ihren Ärger stehlen lassen!

Akzeptanz hilft nicht nur dort, wo Situationen nicht verändert werden können – also bei all jenen Gelegenheiten, in denen durch räumliche oder zeitliche Vorgaben, durch Strukturen oder durch Organisationen Rahmenbedingungen vorgegeben sind, auf die wir als Einzelperson keinen Einfluss haben.

Übung zur Akzeptanz

Gibt es Situationen, in denen Sie regelmäßig quasi an Mauern stoßen oder in Ärger oder gar Streit geraten angesichts unabänderlicher Rahmenbedingungen? Kleben Sie sich als Erinnerungshilfe ein kleines Post-it oder eine Postkarte ans Armaturenbrett oder an den Bildschirm Ihres Computers mit dem Spruch »Es ist, wie es ist« und üben Sie dann ganz bewusst in diesen Situationen eine innere Haltung von Akzeptanz und Gelassenheit ein. Es braucht eine Weile, aber ich weiß aus eigener Erfahrung, dass es möglich ist, das, was ist, zu akzeptieren, wenn man sich eine innere Distanz ermöglicht.

Sie ist auch ein wesentlicher Einflussfaktor bei der Verarbeitung krisenhafter Erfahrungen und Lebensereignisse oder Traumata. Diese Situationen können wir ja nicht einfach verlassen, wir können sie auch nicht verändern, denn wir sind in ihnen, sind Teil von ihnen. Stattdessen können wir sie leugnen, mit ihnen hadern – oder aber sie zu akzeptieren lernen. Wie Sebastian Remmers in einer Längsschnittstudie zur Erfassung des Trauerverlaufs innerhalb des ersten Jahres nach dem Todesereignis belegen konnte, ist beim Tod des Partners die Akzeptanz des Geschehens der zentrale Faktor bei einer gelingenden Trauerverarbeitung. Selbst die Tatsache, dass Optimisten in einer solchen Krise weniger Belastung erleben als Pessimisten, scheint in der stärker ausgeprägten Fähigkeit zu Akzeptanz begründet.

Ein weiterer Bereich, in dem Akzeptanz ganz besonders eingeübt werden will, sind all die Interaktionen mit anderen, die nicht so funktionieren oder reagieren, wie wir es uns vielleicht wünschen würden. Es ist, wie es ist, und der/die andere ist, wie er/sie ist. Unsere Mitmenschen zu ändern: darauf haben wir weder einen Anspruch, noch wird es uns jemals gelingen. Letztlich gibt es nur einen Menschen, den wir verändern können: uns selbst, und das ist schon schwer genug.

Die Dinge so zu akzeptieren, wie sie sind, hat viel mit einer entsprechenden inneren Haltung zu tun. Wenn es gelingt, Akzeptanz immer wieder einzuüben und damit das Unabänderliche anzunehmen, anzuerkennen oder loszulassen, dann eröffnen sich uns ungeahnte Freiräume. »Wer loslässt, hat die Hände frei«, lautet ein Sprichwort. Derjenige kann sich dann ganz auf die Gegenwart und die Zukunft konzentrieren und Neues in Angriff nehmen.

Change it! – Handlungsspielräume konsequent ausnutzen

Wer das Unveränderliche akzeptiert, kann sich dann völlig auf das konzentrieren, was tatsächlich veränderbar ist bzw. in seinem Einflussbereich liegt. Der Blick wird frei für die offenen Spielräume und Handlungsmöglichkeiten. Beides, also sowohl Akzeptanz als auch die Ausrichtung auf die vorhandenen Möglichkeiten, befreit aus der Opferrolle und der empfundenen Hilflosigkeit. Auf den ersten Blick mögen es nur Kleinigkeiten sein, die man selbst gestalten kann: Vielleicht ist es erst einmal nur die eigene Tagesstruktur, die man sich vorgibt, oder die Organisation der eigenen Arbeit. Doch der mit der Neuausrichtung einhergehende Perspektivenwechsel ermöglicht es uns häufig, mehr und größere Freiräume zu finden, die für die eigene Mitgestaltung offen sind, bei denen wir ein Mitspracherecht haben oder anderweitig Einfluss nehmen können.

Systematische Problemlösung

Methodisch hilfreich bei der Analyse der Situation und der Suche nach Handlungsspielräumen ist eine in unterschiedlichen Variationen vorliegende systematische Problemlösestrategie.

Nachdem in einem ersten Schritt eine genaue Problemanalyse vorgenommen wurde, wird zunächst der erwünschte Zielzustand definiert. Dieser kann mit Hilfe der SMART-Formel (das Ziel soll spezifisch, messbar, attraktiv, realistisch und terminiert formuliert sein) präzisiert und greifbar gemacht werden. Bei diesem Schritt kann es hilfreich sein, Teilziele festzulegen, die das Erreichen des Ziels wahrscheinlicher machen

In einem Brainstormingprozess werden dann im dritten Schritt Lösungsideen gesammelt, die das Erreichen der Teilziele und des Endziels ermöglichen. Und weil Brainstorming in einer Gruppe am fruchtbarsten ist, empfehle ich Ihnen für diesen Schritt, dass Sie ein paar nette Menschen einladen, mit Ihnen an Ihrer Problemlösung zu arbeiten. Vielleicht verbinden Sie es mit einem schönen Abendessen, dann macht es gleich mehr Spaß. Ziel ist es, möglichst viele Lösungsmöglichkeiten zu finden. Es findet keine Bewertung statt, jede auch noch so verrückte Idee ist willkommen und erwünscht. Lassen Sie Ihrer Phantasie freien Lauf.

Die Bewertung findet erst statt, wenn viele Ideen gesammelt sind. Dann gilt es auszuwählen, welche Ideen und Lösungsvorschläge zur Umsetzung gelangen sollen. Aber Vorsicht: Nicht unreflektiert das Ungewohnte oder Herausfordernde aussortieren! Wenn Sie entschieden haben, geht es um die Planung konkreter Schritte zur Umsetzung und die Verwirklichung im Alltag. Das ist der schwierigste Schritt im Problemlöseprozess. Sie aber haben Ihre Freunde schon als Unterstützer aktiviert, so dass Sie vielleicht mit ihnen auch die Umsetzung schon mal üben können. Und nach der Umsetzung gilt es in einem letzten Schritt, die gemachten Erfahrungen auszuwerten und hoffentlich den Erfolg zu feiern.

Was mir wesentlich erscheint: Wer sich auf die Handlungsspielräume konzentriert, übernimmt letztlich auch Verantwortung für das, was er tut oder auch unterlässt. Es stärkt das Gefühl von Selbstbestimmung und Selbstwirksamkeit, wenn wir das in den Blick nehmen, was wir auch tatsächlich ändern und gestalten können, und unsere Energie dann darauf ausrichten. Wie bereits erwähnt, sind diese Veränderungen natürlich keine Selbstläufer, für das Durchsetzen der gewünschten Freiräume ist vielmehr konsequenter Einsatz erforderlich. Es ist wichtig, zu analysieren, ob man in der Gefahr ist, sich in eine Sache zu verbeißen und deshalb zu lange zu kämpfen und zu viel zu investieren, oder ob man vielleicht an anderer Stelle auch zu früh aufgeben will.

Leave it! – Neuanfänge wagen

Manchmal ist es tatsächlich sinnvoller und für das eigene seelische Erleben entlastend, einen Schlussstrich zu ziehen. Auch das ist Teil der Freiheit, die uns in vielen Situationen gegeben ist, und kann ein Zeichen dafür sein, dass wir Verantwortung

Eine Autobiographie in fünf Kapiteln

1. Kapitel
Ich gehe die Straße entlang.
Im Gehsteig gähnt eine tiefe Grube.
Ich stürze hinein,
fühle mich verloren. Hoffnungslos!
Mein Fehler ist das nicht!
Es dauert eine Ewigkeit, bis ich den Ausweg
aus der Grube gefunden habe.

2. Kapitel
Ich gehe dieselbe Straße entlang.
Im Gehsteig eine tiefe Grube.
Ich tue so, als würde ich sie nicht sehen
und stürze neuerlich hinein.
Kaum zu glauben: schon wieder
ich in derselben Lage.
Mein Fehler ist das nicht!
Es dauert einige Zeit, bis ich den Ausweg gefunden habe.

3. Kapitel
Ich gehe dieselbe Straße entlang.
Im Gehsteig eine tiefe Grube.
Ich sehe sie
und stürze trotzdem hinein –
einfach, weil ich es so gewohnt bin.
Meine Augen sind offen.
Ich weiß, wohin ich gehe.
Es ist allein mein Fehler!
Im nächsten Augenblick schon bin ich herausgeklettert.

4. Kapitel
Ich gehe dieselbe Straße entlang.
Im Gehsteig eine tiefe Grube.
Ich mache einen Bogen um die Grube.

5. Kapitel
Ich folge einer anderen Straße.
(Portia Nelson)

für uns selbst übernehmen. Eine Grenze zu setzen und damit eine – manchmal auch radikale – Veränderung in Gang zu setzen, ist zwar für sich genommen wiederum ein stressauslösender Faktor. Mittel- und langfristig gesehen gibt einem eine Neuorientierung aber Kraft und stärkt das Zutrauen darauf, selbstbestimmter leben zu können. Einen Neuanfang zu wagen birgt zudem die Chance, sich wieder bewusster zu werden, welche Werte und Inhalte unser Dasein bestimmen sollen, und sich entsprechend zu orientieren. Vielfach werden solche Prozesse deshalb als ein Zusichkommen und als Wege hin zu mehr Authentizität erlebt.

Reflektieren und relativieren Sie Ihre inneren Antreiber

Leben Sie nach dem Grundsatz: »Ich muss dafür sorgen, dass es allen gutgeht!«? Oder sind Sie eher der Typ: »Starke Menschen brauchen keine Hilfe!«? Das sind nur zwei einer Vielzahl möglicher Grundüberzeugungen, die sich meist von allerfrühester Kindheit an in uns gebildet haben. Vielleicht haben schon unsere Bezugspersonen nach diesen Grundsätzen gelebt. Vielleicht waren es aber auch Gebote, die in unserer Familie galten, wie zum Beispiel »Sei fleißig und streng dich an!«, oder auch »Fall bloß nicht auf!« Solche Lebensregeln sind derart verinnerlicht und im Unbewussten verankert, dass sie völlig automatisiert (also ohne dass wir es besonders wahrnehmen würden) unser Denken, Fühlen und auch Handeln mitbestimmen. In gewisser Weise sind sie Teil unserer Persönlichkeit geworden.

Das Konzept der inneren Antreiber stammt aus der Transaktionsanalyse, die die Vielzahl möglicher Glaubenssätze auf fünf Grundtypen zurückführt:

1. »Sei stark!«, 2. »Sei perfekt!«, 3. »Mach es allen recht!«, 4. »Beeil dich!«, 5. »Streng dich an!«

Obwohl diese verinnerlichten Haltungen in Stress- und Krisensituationen weiter stressverstärkend wirken, haben sie dennoch einen erheblichen positiven Kern: Sie repräsentieren Stärken, die uns erst dahin gebracht haben, wo wir heute stehen.

Das Problem sind also nicht die Sätze bzw. die dahinterstehenden Haltungen an sich, sondern die Tatsache, dass sie häufig Übertreibungen darstellen. Das heißt, sie beinhalten überhöhte Anforderungen im Sinne des Perfektionismus, ein Handeln nach dem Alles-oder-nichts-Prinzip, wirken katastrophisierend, formulieren unrealistische Erwartungen oder unangemessene Verallgemeinerungen (dies zeigt sich deutlich an Begriffen wie »immer«, »nie«, »alle«, »keiner«). Unentdeckt unterlaufen sie Bemühungen um Veränderungen, belasten teilweise das soziale Miteinander und erzeugen leicht ständige Unzufriedenheit.

In der Einübung von Resilienz geht es deshalb darum, den eigenen Antreiber zu entdecken und im Anschluss sowohl seine nützlichen als auch seine schädlichen, stressverstärkenden

Innere Antreiber

Bedürfnis	Antreiber	Positiver Kern
◆ Allein zurechtkommen ◆ Keine Schwäche zeigen ◆ Alles unter Kontrolle halten	**Kämpfer**	◆ Einfluss ◆ Stärke ◆ Unabhängigkeit
◆ Vollkommenes leisten ◆ Fehlerlosigkeit	**Perfektionist**	◆ Korrektheit ◆ Genauigkeit
◆ Von allen gemocht und wertgeschätzt werden	**Harmoniker**	◆ Freundlichkeit, ◆ Liebenswürdigkeit, ◆ Mitgefühl
◆ Schnell am Ziel sein	**Hektiker**	◆ Schnelligkeit nutzen ◆ Zeit nutzen ◆ Chancen nutzen ◆ Zielbewusstsein
◆ Nie aufgeben ◆ Beständig Aufgaben verfolgen	**Überforderer**	◆ Durchhaltevermögen ◆ Beharrungsvermögen ◆ Gründlichkeit ◆ Ausdauer

Anteile zu erkennen, um letztere dann bei aller Würdigung zu relativieren oder umzuformulieren. So darf auch der an sich Starke einmal eine Schwäche zeigen. Wer sonst das Wohl der anderen immer in den Vordergrund stellt, darf auch einmal an sich denken. Für den Perfektionisten darf es gut genug sein, so wie es ist, und derjenige, der sich immer anstrengen muss, kann es genug sein lassen und sich eine Pause gönnen. Und diejenige, die sonst immer schnell sein muss, darf sich Zeit nehmen und durchatmen. Das mag sich leicht und unkompliziert anhören, aber besonders hier gilt der Grundsatz: »Simple but not easy!« In Stresssituationen werden nämlich automatisierte Reaktionsweisen und eben auch die Antreiber aktiviert, die ja eine effektive Antwort auf den Stressor geben. Von daher hilft nur die alltägliche Einübung der neuen, selbstfürsorglichen Haltungen. Denn bis diese neuen, umformulierten und stressreduzierenden Überzeugungen die gleiche Wirkkraft entfalten wie die über das ganze Leben hinweg eingeübten Grundüberzeugungen, dauert es einige Zeit. Während die bisherigen Einstellungen und Haltungen sozusagen neuronale Autobahnen nutzen, um aktiviert zu werden, müssen neuere erst mühsam einen neuen Trampelpfad anlegen und diesen dann schrittweise verbreitern.

Auf die Energiebalance achten

Alles, was wir tun, kostet Kraft. Vieles von dem, was wir tun, gibt uns aber auch Kraft und Energie zurück, so dass sich in unbelasteten Zeiten ein Gleichgewicht zwischen Geben und Nehmen häufig von ganz allein einstellt. In Gefahr gerät unsere Energiebalance dort, wo der vergleichsweise unbelastete Alltag durch Stress und Überforderung zur Belastung wird.

Die Formel, die dann zum Einsatz kommen sollte, ist an sich sehr einfach: Je mehr Belastungen auftreten, desto mehr Ausgleich brauche ich. Bevor ich Energie einsetzen kann, muss ich Reserven gebildet haben, aus denen ich schöpfen kann. Auch der Begriff »Resilienz« bzw. Widerstandskraft drückt ja genau dies bereits aus: Um eine Belastungssituation gesund oder sogar gut und gestärkt zu überstehen, braucht es Kraft.

Was an sich wie eine Binsenweisheit klingt, ist jedoch keineswegs banal, wie die sich häufenden Burnout-Zahlen belegen. Jeder Einzelfall ist Beleg dafür, dass das bei jedem vorhandene theoretische Wissen darum, wie wichtig es ist, sich körperlich wie psychisch gut zu versorgen, noch lange nicht in die Praxis umgesetzt ist und zu einer Veränderung unserer Verhaltensweisen geführt hätte. Oftmals erlebe ich es eher umgekehrt: Wer in der Krise ist, sorgt auch nicht mehr gut für sich und seine Energiebalance. Das bedeutet häufig, dass die betroffene Person an ihre Substanz geht und Raubbau an ihrer Gesundheit treibt.

Lange Zeit wurde in diesem Zusammenhang von der Work-Life-Balance gesprochen, um die man sich irgendwie kümmern müsse. Die neuere Arbeitspsychologie bevorzugt den Begriff Life-Domain-Balance und bringt damit zum Ausdruck, dass mehr relevante Lebensbereiche als nur Arbeit und Beruf in Einklang zu bringen sind. Denn nicht immer kann der außerberufliche Bereich ausschließlich regenerativen Zwecken dienen, der private Bereich ist ja keineswegs frei von Belastungen: Es gibt Krankheiten, die man bewältigen muss, Kinder, die erzogen werden wollen, Eltern, die gepflegt werden müssen, einen Haushalt, der geführt werden will usw. Anderer-

Wenn du vernünftig bist, erweise dich als Schale,
nicht als Kanal,
der fast gleichzeitig empfängt und weitergibt,
während jene wartet, bis sie gefüllt ist.
Auf diese Weise gibt sie das, was bei ihr überfließt,
ohne eigenen Schaden weiter ...
Lerne auch du, nur aus der Fülle auszugießen,
und habe nicht den Wunsch, freigebiger als Gott
zu sein.
Die Schale ahmt die Quelle nach,
erst wenn sie mit Wasser gesättigt ist, strömt sie
zum Fluss, wird sie zur See.
Du tue das Gleiche!
Zuerst anfüllen und dann ausgießen.
Die gütige und kluge Liebe ist gewohnt überzuströmen,
nicht auszuströmen ...
Ich möchte nicht reich werden,
wenn du dabei leer wirst.
Wenn du nämlich mit dir selber schlecht umgehst,
wem bist du dann gut?
Wenn du kannst, hilf mir aus deiner Fülle;
wenn nicht, schone dich.
(Bernhard von Clairvaux)

seits können auch im Berufsalltag positive Energien freigesetzt werden. Wenn Arbeit nicht überfordert, kann sie durchaus Ressourcen stärken, die dann wiederum dabei helfen, die Belastungen im Bereich des Privaten besser zu bewältigen. Für einen depressiven Menschen zum Beispiel kann die durch Arbeit vorgegebene Tagesstruktur äußerst hilfreich sein und da-

Anforderungen und Ressourcen in Balance

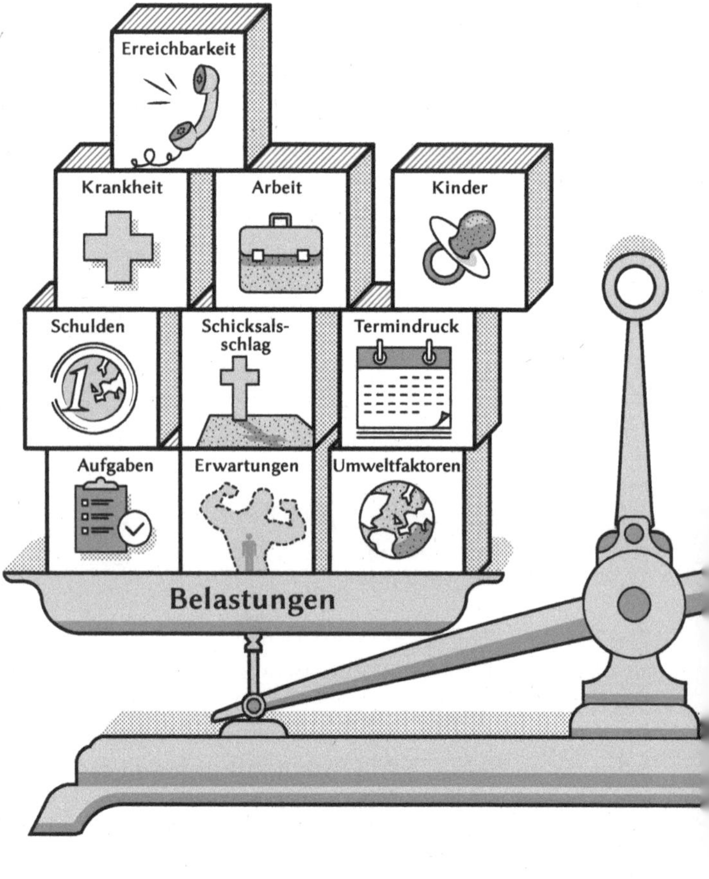

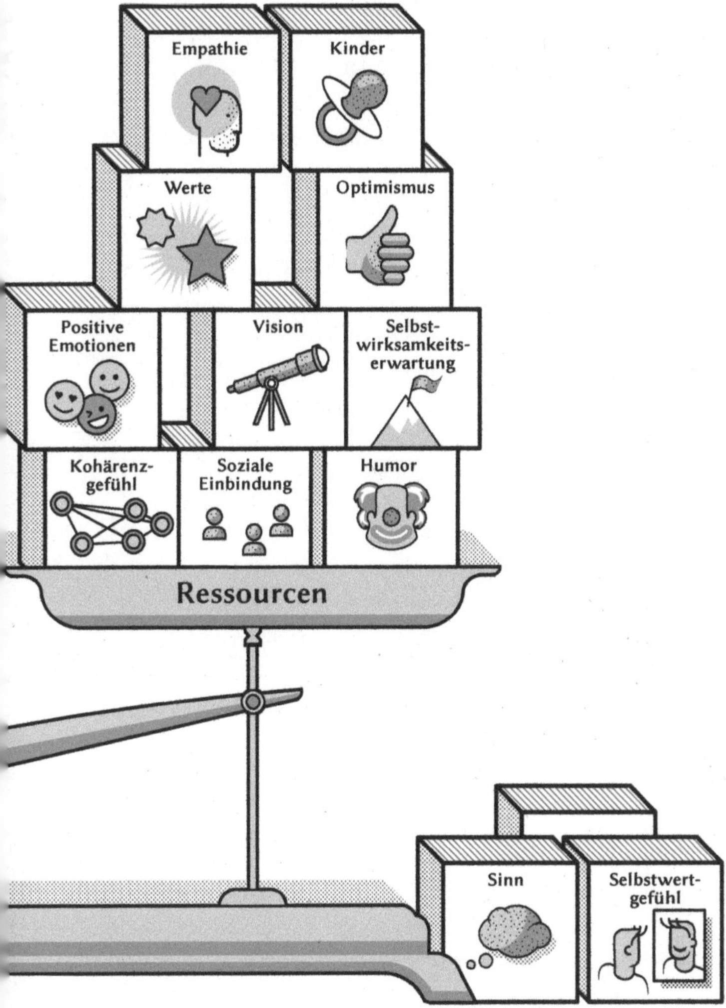

Empathie
Kinder
Werte
Optimismus
Positive Emotionen
Vision
Selbst-wirksamkeits-erwartung
Kohärenz-gefühl
Soziale Einbindung
Humor
Ressourcen
Sinn
Selbstwert-gefühl

Übung für die Energiebalance

Definieren Sie für sich, über welche Bereiche (zum Beispiel Beruf, Familie, Partnerschaft, Ehrenamt, Weiterbildung, Spiritualität, Freundschaften, Gesundheit usw.) sich Ihr Leben erstreckt und wie wichtig Ihnen diese Lebensbereiche auch im Hinblick auf Ihre Werte und Ziele sind.

Notieren Sie jeden der Bereiche auf einer Karte. Stellen Sie nun auf jede Karte ein Glas und nehmen Sie sich eine Flasche oder Karaffe mit so viel farbiger Flüssigkeit, dass Sie jedes Glas ca. zur Hälfte füllen könnten.

Nun spüren Sie bitte nach: Wie viel Energie fließt in jeden einzelnen dieser Bereiche? Gießen Sie intuitiv in dem jeweiligen Ausmaß die Flüssigkeit in die Gläser und betrachten Sie das Ergebnis. Stimmen Energieaufwand und Stellenwert des jeweiligen Lebensbereichs miteinander überein? Wo liegen Diskrepanzen, die auf Dauer Ihre Resilienz gefährden könnten?

Ich habe diese Übung verschiedentlich in Seminaren durchgeführt; es war teilweise sehr bewegend, wenn deutlich wurde, wie viel Energie in oftmals nur ein oder zwei Lebensbereiche und Aufgaben fließt und wie vieles, was als wichtig und wertvoll betrachtet wird, dabei verkümmert.

(Inspiriert durch Danie Beaulieu)

zu beitragen, dass er sich nicht noch weiter in seiner Depression verliert.

Neben Familie und Arbeit sind für unser Wohlbefinden noch andere Lebensbereiche wichtig, die wir in unser Balancemodell integrieren müssen: eine Partnerschaft etwa, die gepflegt werden will und in der man eine andere Rolle einnimmt als in der (Ursprungs-)Familie, ein Ehrenamt im Sportverein oder Gemeinderat, Freundschaften, die gepflegt werden wollen und sollen. Nicht zuletzt gilt es, für die eigene Seele und den Geist immer wieder etwas zu tun, sei es der Philosophiekurs im Studium Generale oder der Meditationskurs an der Volkshochschule. Für all das (und in Ihrem Falle vielleicht sogar noch mehr) ist die richtige Balance zu finden.

Die hohe Kunst besteht deshalb darin, sowohl innerhalb als auch zwischen den verschiedenen Lebensbereichen einen Ausgleich herzustellen und in allen Bereichen nach Energiequellen zu suchen, die den persönlichen Akku wieder aufladen können.

Diese Aufgabe bleibt auch bei erweiterter Perspektive bestehen: Wenn Sie Ihre Resilienz stärken wollen, sollten Sie zuerst einmal Bilanz ziehen: Was gibt Ihnen Energie im Leben, Ihrem Körper, Ihrer Seele, Ihrem Geist – und wohin geht diese Energie, worin investieren Sie sie?

Gibt es zum Beispiel Beziehungen in Ihrem Leben, in denen das Verhältnis von Geben und Nehmen völlig aus dem Lot geraten ist? Können Sie bei Ihrer Arbeit auch auftanken, weil Sie Möglichkeiten haben, sich zu entfalten und zu entwickeln, weil Sie Erfolgserlebnisse haben oder dort gute Kontakt- und Kommunikationsmöglichkeiten finden? Gibt es Energiefresser, die Sie durch besseres Selbstmanagement oder aber einfach dadurch, dass Sie sich Unterstützung gönnen, in den Griff bekommen können?

… und dann ist alles gut?

Resilient zu sein oder resilienter zu werden hat heute einen hohen Stellenwert. Das wird indirekt auch an der hohen Zahl der Publikationen sowie an der steigenden Anzahl von Angeboten zur Stärkung von Resilienz deutlich. Aber, und das muss immer mitbedacht werden: Resilienz wird dort zum Thema, wo Krisen herrschen, wo Situationen nicht mehr menschengerecht gestaltet werden, wo Gewalt ausgeübt und erlitten wird oder ein Unglück gleich welcher Art eingetreten ist. Ohne diese Kontexte der Belastung macht das Konzept Resilienz keinen Sinn.

Nun gibt es, und ich habe es immer wieder betont, meiner Ansicht nach kein Leben, das frei wäre von Belastungen und Krisen. Insofern lohnt es sich in jedem Fall, Menschen zu stärken und ihnen möglichst gutes Rüstzeug an die Hand zu geben, um mit dem, was auf sie zukommen mag, besser umgehen und es möglichst gut bewältigen zu können.

Schwierig wird es meines Erachtens jedoch dort, wo Resilienzförderung andere Zwecke verfolgt, wenn sie zum Beispiel dazu dienen soll, durch gezielte Steigerung der Belastbarkeit an sich inhumane Zustände aufrechtzuerhalten. Resilienztraining dient dann dazu, Bedingungen zu verfestigen, die in hohem Maße Stress erzeugen und überfordernd sind. Strukturelle Missstände oder auch Konflikte können so auf problematische Weise individualisiert und stabilisiert werden. Wer mit der Förderung von Resilienz also eine notwendige Veränderung oder die gesündere Gestaltung von Arbeitsplätzen verhindern will, missbraucht das in der Resilienzforschung entwickelte Wissen.

Der durch Resilienz leistungsoptimierte Mensch mag ein Traumbild der Wirtschaft oder auch von Teilen der Gesellschaft sein. Das steigende Interesse an Trainings in diesem Bereich zeigt (auch) den Wunsch, diesen Menschen zu kreieren. Grundsätzlich muss es meiner Ansicht nach aber gerade im betrieblichen Gesundheitsmanagement immer zuerst um Verhältnisprävention gehen, also um die Gestaltung von gesunden Arbeitsplätzen, und oft auch um eine Infragestellung der Ansprüche und Werte, die bisher verfolgt wurden. Die Arbeitswissenschaft bietet inzwischen eine Vielzahl von Studien, die aufzeigen, welche Kriterien gesunde Arbeitsplätze erfüllen müssen und wie sich Stressoren vermeiden lassen. Das erwähnte Salutogenesemodell und dessen zentrales Element, das Kohärenzgefühl, lassen sich zum Beispiel sehr gut anwenden, um im betrieblichen Kontext Arbeitsplätze, Arbeitsorganisation und Arbeitsinhalte auf eine Weise zu gestalten, die dabei hilft, die Gesundheit der Angestellten zu erhalten und im idealen Falle sogar zu fördern. Es lassen sich daraus Maßnahmen für ein besseres Gesundheitsmanagement ableiten und so mittelbar neue Gesundheitsressourcen gewinnen; diese können dann ihrerseits hilfreich sein – bei der Bewältigung schwieriger Lebenssituationen wie bei der Entschärfung alltäglicher Stressauslöser im Betrieb.

Ressourcen-Organisation im Sinne der Salutogenese

Verstehbarkeit	Handhabbarkeit	Bedeutsamkeit
• Transparenz • Information/ Informations-angebot • Kommunikations-möglichkeiten • Ganzheitlichkeit der Aufgaben	• Partizipations-möglichkeiten • Tätigkeitsspiel-raum (Entschei-dungs-, Kontroll- und Gestaltungs-möglichkeiten) • Feedback • Zeitliche Spielräume • Kooperations-möglichkeiten • Soziale Unter-stützung	• Abwechslungs-reichtum/Varia-bilität • Anforderungs-vielfalt • Lernmöglichkeiten • Entwicklungs-perspektiven • Sinnhaftigkeit der Arbeit • Verantwortung

(nach Ulich, E. / Wülser, M.: Gesundheitsmanagement in Unternehmen. Berlin 2009.)

Es wäre natürlich naiv zu hoffen, dass damit jede Arbeit stressfrei würde – zu viele Faktoren im heutigen Arbeitsprozess obliegen nicht der eigenen Organisation, sondern werden von außen mitgestaltet und aufgezwungen. Und auch in den betrieblichen Abläufen kann zum Teil nicht wirklich vermieden werden, dass es zu großen Belastungen kommt.

So gesehen kann es als Maßnahme der Verhaltensprävention letztlich doch sinnvoll sein, Mitarbeiter zu stärken und ihnen Rüstzeug zur besseren Stressbewältigung an die Hand zu geben, um sie im Sinne des Arbeitsschutzes auch vor psychischen Gefährdungen zu bewahren.

Noch ein weiterer Punkt ist zu beachten und darf über der Aufzählung von Resilienzfaktoren und dem Training der entsprechenden Kompetenzen nicht aus dem Blick verloren werden: Resilienz ist immer ein dynamischer Prozess der Auseinandersetzung einer Person mit ihrem Umfeld, ihrem Kontext. In der Abhängigkeit vom Kontext kann jemand entweder auf vorhandene Ressourcen zurückgreifen – oder er kann es eben nicht bzw. ist dazu nicht in der Lage. Es gibt Menschen, die mit vielfältigem Stress und Bedrohungen von außen gut umgehen können. Sie erweisen sich in diesem Zusammenhang als resilient, sind aber vielleicht hochgradig verletzlich angesichts von Erkrankung und werden in solch einem Fall völlig aus der Bahn geworfen. Es kann auch sein, dass in bestimmten Lebensphasen hohe Resilienz vorhanden ist, man sich in anderen aber wesentlich instabiler in der Bewältigung von Krisen und Stress erlebt. Es wäre eine Fehleinschätzung, wenn Resilienz also als unveränderlicher stabiler Faktor verstanden würde, der, einmal erworben, immer und überall zum Tragen kommen könnte. Resilienz ist eben kein Zauberwort, und die Resilienzfaktoren sind keine Zaubermittel, die, rezeptartig zusammengestellt, unverwundbar machen gegen jede Form von Leiden.

Und damit komme ich zu einer weiteren Gefahr, die implizit in der mit dem Resilienzkonzept verbundenen Ausrichtung auf die Schutzfaktoren verbunden ist: Es ist die Gefahr der Moralisierung, wenn mit dem Blick auf förderbare Resilienzfaktoren ein Anspruch verbunden wird, wenn es also zur »Schuld« des Betroffenen wird, dass ihm oder ihr eine entsprechende resiliente Eigenschaft fehlt, weil er oder sie nicht ausreichend für Widerstandsfähigkeit gesorgt hat oder nicht genug Willenskraft aufgebracht hat, um sich zu verändern. Dann werden nämlich das Steckenbleiben im Abgrund der Krise oder des Traumas, die Unfähigkeit, sich seiner Stressoren zu entledigen, oder auch das Leiden unter Stress bzw. Stressfolgeerkrankungen als Defizite einer Person wahrgenommen.

Auch wenn es natürlich für die einzelne Person immer wünschenswert ist, dass sie Möglichkeiten und Wege für sich entdeckt, resilienter zu werden und Widerstandskraft zu entwickeln, kann und darf von außen her nicht darauf gedrängt werden, dass der oder die Einzelne dies für sich selbst auch so sieht. Um es möglichst deutlich auszudrücken: Wenn ein Mensch es so haben will, dann hat er auch ein Recht auf sein Leiden. Manchmal ist es so, dass jemand sehr viel für die eigene Widerstandsfähigkeit getan und es dennoch schwer hat, mit seinem Leiden umzugehen. Und manchmal ist, um nochmals Viktor Frankl zu zitieren, der konstruktive Umgang damit einfach nur Glück, Zufall oder ein Wunder:

»Wir alle, die wir durch tausend und abertausend glückliche Zufälle oder Gotteswunder – wie immer man es nennen will – davongekommen sind, wir wissen es und können es ruhig sagen: Die Besten sind nicht zurückgekommen.«

Wer unbeschädigt durchs Leben kommt, hat immer auch Glück gehabt, es lag nicht nur am eigenen Vermögen oder an der widerstandsfähigen Psyche. Resilienz gibt also keine hundertprozentige Garantie dafür, die Krisen des Lebens unbeschadet zu überstehen, wer resilienter ist, hat aber größere Chancen, gesünder aus den Belastungen hervorzugehen.

Lektüretipps

Bengel, J. / Lyssenko, L.: Resilienz und psychologische Schutzfaktoren im Erwachsenenalter. In: BZgA (Hrsg.): Forschung und Praxis der Gesundheitsförderung. Bd. 43. Köln 2012.

Berg, F.: Übungsbuch Resilienz. 50 praktische Übungen, die der Seele helfen, vom Trauma zu heilen. Paderborn 2014.

Berking, M.: Training Emotionaler Kompetenzen (TEK). Berlin/Heidelberg [2]2010.

Bonhoeffer, D.: Widerstand und Ergebung. Briefe und Aufzeichnungen aus der Haft. In: Dietrich Bonhoeffer: Werke. Bd. 8. Hrsg. von C. Gremmels [u. a.], Gütersloh 2011.

Carver, C. S. / Scheier, M. F.: On the Self-Regulation of Behavior. Cambridge 2001.

Carver, C. S. / Scheier, M. F.: Dispositional optimism. In: Trends in Cognitive Sciences, 18,6 (2014) S. 293–299.

Eberle, U.: Gesunder Optimismus. Zeit Wissen 6/2010, Online-Veröffentlichung.

Eberle, U.: Die gefährliche Frage nach dem Sinn. GEO Wissen. Nr. 53. 5 (2014), S. 52–66.

Frankl, V.: … trotzdem Ja zum Leben sagen. München 1977.

Joseph, S.: Was uns nicht umbringt. Wie es Menschen gelingt, aus Schicksalsschlägen und traumatischen Erfahrungen gestärkt hervorzugehen. Berlin/Heidelberg 2015.

Kabat-Zinn, J.: Gesund durch Meditation. Das große Buch der Selbstheilung mit MBSR. München 2013.

Kaluza, G.: Stressbewältigung. Trainingsmanual zur psychologischen Gesundheitsförderung. Berlin/Heidelberg [2]2011.

L'Express. Nr. 3396. 3. 8. 2016. S. 28–32.

Levold, T.: Metaphern der Resilienz. In: R. Welter-Enderlin / B. Hildenbrand (Hrsg.): Resilienz. Gedeihen trotz widriger Umstände. Heidelberg 2006.

Mourlane, D.: Resilienz. Die unentdeckte Fähigkeit der wirklich Erfolgreichen. Göttingen 2014.

Potreck-Rose, F. / Jacob, G.: Selbstzuwendung, Selbstakzeptanz, Selbstvertrauen. Psychotherapeutische Interventionen zum Aufbau von Selbstwertgefühl. Stuttgart 2003. (Leben lernen 163.)

Reddemann, L.: Überlebenskunst. Stuttgart [8]2016.

Remmers, S.: Wie der Verlust des Ehepartners bewältigt wird. Eine Längsschnittstudie zur Erfassung des Trauerverlaufs innerhalb des ersten Jahres nach dem Todesereignis. Diss. Koblenz-Landau. Online-Veröffentlichung. 2009.

Richter, C. / Blank, J.: »Resilienz« im Kontext von Kirche und Theologie. In: Zeitschrift für Praktische Theologie 51/2 (2016).

Schwarzer, R. / Jerusalem, M.: Das Konzept der Selbstwirksamkeit. In: Zeitschrift für Pädagogik. Beiheft 44 (2002) S. 28–53.

Sedmak, Clemens: Innerlichkeit und Kraft. Studie über epistemische Resilienz. Freiburg [u. a.] 2013. (Forschungen zur europäischen Geistesgeschichte. Bd. 14.)

Seligman, Martin: Wie wir aufblühen. Die fünf Säulen des persönlichen Wohlbefindens. München [2]2015.

Titze, M. / Patsch, I.: Die Humorstrategie. Auf verblüffende Art Konflikte lösen. München [6]2011.

Ulich, E. / Wülser, M.: Gesundheitsmanagement in Unternehmen. Berlin 2009.

Wellensiek, S. K.: Handbuch Resilienz-Training. Widerstandskraft und Flexibilität für Unternehmen und Mitarbeiter. Weinheim/Basel 2011.

Welter-Enderlin, R. / Hildenbrand, B. (Hrsg.): Resilienz. Gedeihen trotz widriger Umstände. Heidelberg 2006.

Wilker, J.: Das Einmaleins der Achtsamkeit. Vom sorgsamen Umgang mit alltäglichen Gefühlen. Freiburg 2011.

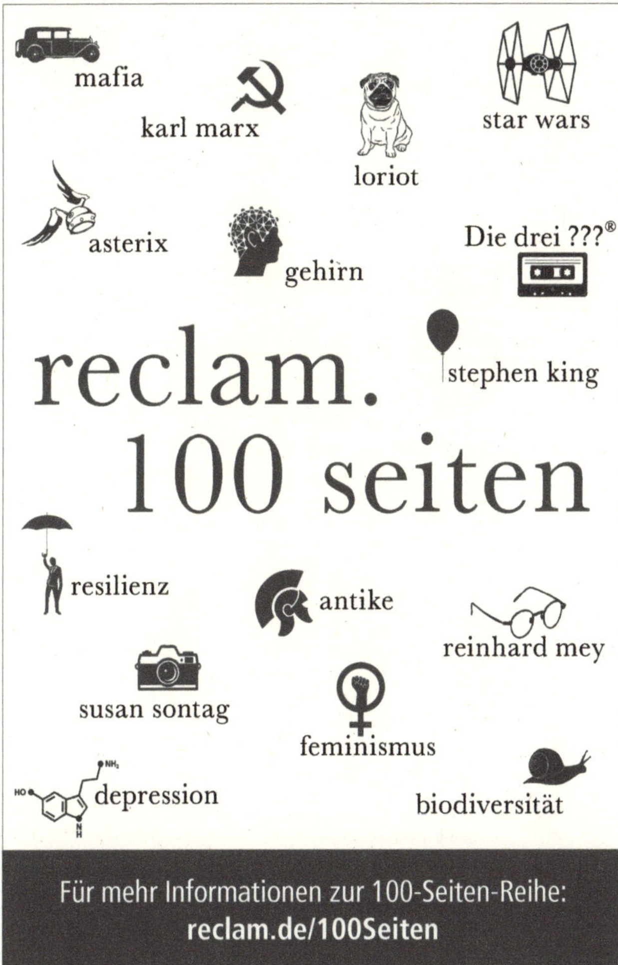
mafia
karl marx
loriot
star wars
asterix
gehirn
Die drei ???®
reclam.
100 seiten
stephen king
resilienz
antike
reinhard mey
susan sontag
feminismus
depression
biodiversität
Für mehr Informationen zur 100-Seiten-Reihe:
reclam.de/100Seiten

»Was den Buddhismus in Asien wirklich prägt, tritt hierzulande oft in den Hintergrund.«

Almut-Barbara Renger
Buddhismus. 100 Seiten
100 S. · 10 Abb. und Infografiken
Broschiert
11,4 × 17 cm
ISBN 978-3-15-020438-2

Reclam reclam.de

»Für das Gehirn gilt im Grunde dasselbe wie für unsere Muskeln: ›Use it or lose it!‹«

Markus Reiter
Gehirn. 100 Seiten
100 S. · 9 Abb. und Infografiken
Broschiert
11,4 × 17 cm
ISBN 978-3-15-020524-2

Reclam reclam.de